普通高等学校"十三五"省级规划教材

电子信息类专业实验教程
计算机控制分册
（第2版）

总 主 编　陈得宝
主　　编　李　峥
副 主 编　蓝　澜　马清峰
编　　委　李　峥　蓝　澜　韦民红
　　　　　陈得宝　苗曙光　侯俊钦
　　　　　方振国　马清峰

中国科学技术大学出版社

内 容 简 介

本书是电子信息类专业的实验教材,主要介绍了单片机原理及应用、计算机原理及应用、自动控制原理、DSP 技术、FPGA 的应用、电子测量与仪器等课程的相关实验。既有验证性实验,也有设计性实验和综合性实验。实验附有实验目的、实验设备、实验内容、实验原理、实验步骤、实验报告和思考题等内容。多数学生通过自学即可完成实验,也可以利用仿真软件进行实验仿真。通过本书的学习,学生可掌握计算机控制方面课程的实际基本操作、常用仪器仪表的使用以及电子电路的调试方法,提高动手能力和综合实践能力。

本书适合作为高等院校计算机控制课程的实验教材,也可供相关专业读者学习参考。

图书在版编目(CIP)数据

电子信息类专业实验教程. 计算机控制分册/李峥主编. —2 版. —合肥:中国科学技术大学出版社,2018.12(2020.8 重印)

ISBN 978-7-312-04385-7

Ⅰ. 电… Ⅱ. 李… Ⅲ. ① 电子信息—实验—高等学校—教材 ② 计算机控制—实验—高等学校—教材 Ⅳ. ① G203-33 ② TP273-33

中国版本图书馆 CIP 数据核字(2018)第 017723 号

出版	中国科学技术大学出版社 安徽省合肥市金寨路 96 号,230026 http://press.ustc.edu.cn https://zgkxjsdxcbs.tmall.com
印刷	安徽省瑞隆印务有限公司
发行	中国科学技术大学出版社
经销	全国新华书店
开本	710 mm×1000 mm　1/16
印张	11.75
字数	230 千
版次	2014 年 8 月第 1 版　2018 年 12 月第 2 版
印次	2020 年 8 月第 3 次印刷
定价	30.00 元

前　　言

　　实验是教学中的一个重要环节，其作用是帮助学生巩固和加深课堂教学内容，提高实际操作技能，培养科学作风，为学习后续课程和从事实践技术工作奠定基础。为满足高等院校培养应用型人才和教学改革不断深入的需要，我们在多年教学实践和教学改革的基础上，编写了这本电子信息类专业的实验指导书。

　　本书获批为安徽省规划教材，是工科"电子信息类计算机控制"系列课程的实验指导书，实验教材的内容涉及单片机原理及应用、微机原理及应用、自动控制原理、DSP 技术、FPGA 应用，以及电子测量与仪器，共选编实验项目 38 个。所有实验项目均配有相应的软件仿真，便于学生预习实验，以更好地掌握相关知识。

　　本书编写力求理论联系实际，使学生能受到计算机控制课程的基本技能训练，以培养学生分析问题和解决问题的能力。本书由淮北师范大学物理与电子信息学院电子信息系组织编写，其中"单片机原理及应用实验"由李峥编写，"微型计算机原理及应用实验"由蓝澜、李峥编写，"自动控制原理实验"由韦民红、陈得宝编写，"DSP 技术实验"由苗曙光编写，"FPGA 的应用实验"侯俊钦、方振国编写，"电子测量与仪器实验"由马清峰编写，全书由李峥统稿并担任主编。

　　限于时间和编写水平，书中难免存在不妥之处，恳请专家读者批评指正。

编　者

2018 年 12 月

目 录

前言 ·· (i)

第一章 单片机原理及应用实验 ·· (1)
    实验一 流水灯 ··· (3)
    实验二 交通灯控制 ··· (6)
    实验三 外部中断 ·· (8)
    实验四 定时器 ··· (11)
    实验五 模/数转换 ··· (15)

第二章 微型计算机原理及应用实验 ····································· (19)
    实验一 简单的程序设计 ·· (20)
    实验二 分支程序设计 ··· (22)
    实验三 循环程序的设计 ·· (24)
    实验四 子程序的设计 ··· (26)
    实验五 查表程序设计 ··· (28)
    实验六 系统功能调用 ··· (30)
    实验七 简单 I/O 口扩展 ·· (32)
    实验八 8255 并口 ··· (35)
    实验九 8253 定时/计数器 ·· (38)
    实验十 8259 中断 ·· (40)
    实验十一 模/数转换 ··· (43)
    实验十二 数/模转换 ··· (46)

第三章 自动控制原理实验 ·· (49)
    实验一 二阶系统的阶跃响应及稳定性分析 ··························· (50)
    实验二 PID 控制器的动态性能 ··· (55)
    实验三 典型环节频率特性的测试 ·· (63)
    实验四 控制系统的动态校正 ·· (68)

实验五　信号的采样与恢复 …………………………………………（74）
　　实验六　典型非线性环节的电路模拟 …………………………………（78）

第四章　DSP 技术实验 ………………………………………………（85）
　　实验一　DSP 开发环境 CCS 的使用 …………………………………（86）
　　实验二　常用汇编指令练习 ……………………………………………（92）
　　实验三　中断 ……………………………………………………………（94）

第五章　FPGA 的应用实验 ……………………………………………（98）
　　实验一　基本组合电路设计 ……………………………………………（98）
　　实验二　基本时序电路设计 ……………………………………………（111）
　　实验三　含异步清零和同步时钟使能的加法计数器设计 ……………（116）
　　实验四　用原理图输入法设计八位全加器 ……………………………（126）
　　实验五　正弦信号发生器设计 …………………………………………（131）
　　实验六　多过程结构状态机 A/D 采样控制电路实现 ………………（143）
　　实验七　七段数码显示译码器设计 ……………………………………（151）
　　实验八　数控分频器的设计 ……………………………………………（153）

第六章　电子测量与仪器实验 …………………………………………（156）
　　实验一　温度测量 ………………………………………………………（157）
　　实验二　红绿灯系统 ……………………………………………………（160）
　　实验三　电机调速与测速 ………………………………………………（164）
　　实验四　信号源发生器 …………………………………………………（167）

参考文献 …………………………………………………………………（171）

附图　第五章实验电路结构图 …………………………………………（172）

附表　GW48CK/PK$_2$/PK$_3$/PK$_4$ 系统万能接插口与结构图信号/与芯片引脚
　　　　………………………………………………………………………（178）

第一章 单片机原理及应用实验

一、课程简介

"单片机原理及应用"是一门实践性较强的课程,学好的关键在于动手。只要认真学好理论课程并且亲自动手编程、做实验,就会取得较大的收获。单片机实验对提高学生学习单片机及相关知识的积极性起到了良好的作用,本章在编写上突出实践教学的特点,在注重提高学生兴趣的同时,也注重提高学生的实践动手能力。

二、单片机原理实验箱平台简述

ZY11201D 单片机原理实验箱是湖北众友科技实业股份有限公司生产的单片机实验系统。该实验箱配置的硬件资源多,内置仿真器通过串口可直接与 PC 机相连,也可直接与其他各类 MCS-51 的仿真器相连组成开发的目标系统,用户可根据自己的需要安排实验内容。ZY11201D 实验箱的逻辑结构图如图 1.1 所示。

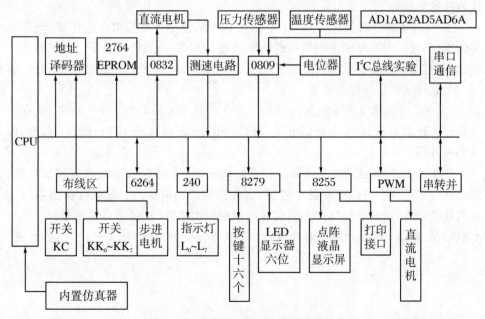

图 1.1 ZY11201D 实验箱的逻辑结构图

三、编程软件 Keil C51 简介

Keil C51 是美国 Keil Software 公司出品的 51 系列兼容单片机语言软件开发系统,是目前使用广泛的单片机开发软件,它集源程序编辑和程序调试于一体,支持汇编语言、C 语言和 PL/M 语言。

Keil C51 软件提供了丰富的库函数,功能强大的集成开发调试工具,以及全新的 Windows 界面。

该软件操作步骤如下:
① 建立一个工程项目,选择芯片,确定选项。
② 建立 C 语言源文件或汇编语言源文件。
③ 用项目管理器生成(编译)各种应用文件。
④ 检查并修改源文件中的错误。
⑤ 编译连接通过后进行软件模拟仿真。
⑥ 编译连接通过后进行硬件仿真。

四、Proteus 仿真软件简介

Proteus 是英国 Labcenter 公司开发的电路分析与实物仿真软件。它不仅具有其他电子设计自动化(EDA)工具软件的仿真功能,还能仿真单片机及外围器件。该软件的特点如下:

① 实现了单片机仿真和 Spice 电路仿真相结合。具有模拟电路仿真、数字电路仿真、单片机及其外围电路组成的系统仿真、RS232 动态仿真及 I^2C 调试器、SPI 调试器、键盘和液晶显示屏(LCD)系统仿真的功能;提供了多种虚拟仪器,如示波器、逻辑分析仪、信号发生器等。

② 支持主流单片机系统的仿真。目前支持的单片机类型有 68000 系列、8051 系列、AVR 系列、PIC12 系列、PIC16 系列、PIC18 系列、Z80 系列、HC11 系列,以及各种外围芯片。

③ 提供软件调试功能。硬件仿真系统具有全速、单步、设置断点等调试功能,同时在硬件系统中可以观察各个变量、寄存器等的当前状态。该软件仿真系统也具有这些功能,同时支持第三方的软件编译和调试环境,如 Keil C51 等软件。

④ 具有强大的原理图绘制功能。

实验一 流 水 灯

一、实验目的

① 学习 P_1 口的使用方法。
② 学习循环程序、子程序的编写和使用。

二、实验设备

PC 机,单片机原理实验箱。

三、实验内容

P_1 口作输出口,接八只发光二极管,编写程序使发光二极管循环点亮,每次点亮时间为 1 s。各发光二极管的阳极通过保护电阻接到 +5 V 的电源上,阴极接到输入端上,因此要想使其点亮应使相应输入端为低电平。

四、实验原理

P_1 口为准双向口,它的每一位都能被独立地定义为输入位或输出位。作输入位时,必须向锁存器相应位写入 1。51 系列单片机中所有口的锁存器在复位时均置为 1,如果后来在口锁存器写过 0,在需要时应写入一个 1,使它成为一个输入位。

再来看延时程序的实现。现常用的有两种方法:一是用定时器中断来实现,二是用指令循环来实现。在系统时间允许的情况下可以采用后一种方法。

本实验系统中晶振频率为 12 MHz,则一个机器周期为 1 μs。现要写一个延时 0.1 s 的程序,大致程序如下:

```
        MOV R7,#X
DEL1:MOV R6,#200
DEL2:DJNZ R6,DEL2
     DJNZ R7,DEL1
```

其中,MOV,DJNZ 指令均需两个机器周期,所以每执行一条指令需要 2 μs。现求出 X 值:

$$2+X(2+200\times2+2)=0.1\times10^6$$
$$X=(0.1\times10^6-2)/(2+200\times2+2)=248D=F8H$$

五、实验原理图

实验一原理图如图 1.2 所示。

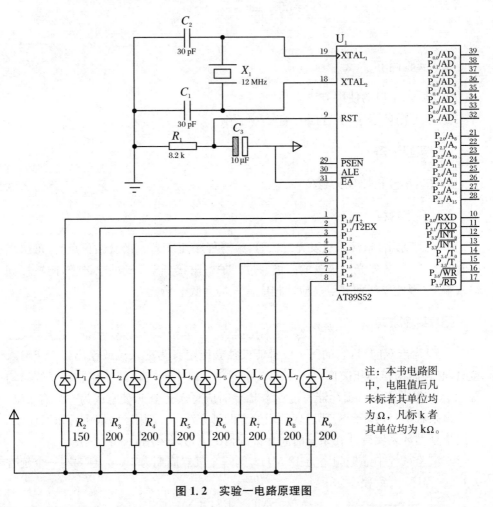

图 1.2 实验一电路原理图

六、程序框图

实验一程序框图如图 1.3 所示。

七、实验步骤

1. 预习部分

① 根据程序框图,编写本次实验程序(汇编语言、C 语言均可),利用 Keil C51 软件编译源程序,生成 .HEX 文件或者 .BIN 文件。

② 利用 Proteus 软件绘制仿真图并设置单片机的晶振频率,将①中生成的 .HEX 文件导入单片机中。

③ 点击 Proteus 的"开始"按键,观察现象是否与实验要求一致,如果不一致,请重新修改源程序后再进行编译及仿真调试,直至符合实验要求。

2. 实验部分

① 启动 PC 机,将单片机原理实验箱通过 USB 连接到 PC 机上,启动实验软件。

② 将预习部分生成的 .HEX 文件通过实验软件件下载至单片机芯片 AT89S52。

③ 利用导线将实验箱中单片机的 $P_{1.0} \sim P_{1.7}$ 口分别连接到发光二极管 $L_1 \sim L_8$。

④ 点击实验软件中的"全速运行",观察实验现象。

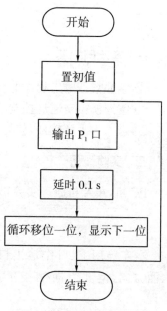

图 1.3 实验一程序框图

八、思考题

① 分析软件延时方法的本质,尝试实现不同的延时程序(如 0.5 s,1 s 等)并编写程序。

② 本实验实现的流水灯功能是单向的,请将程序做适当的修改,实现双向流水灯。双向流水灯是指 LED 灯按 1,2,…,8 的顺序逐次点亮(每一时刻只有一个灯亮)后,再按 8,7,…,1 的顺序逐次点亮,如此往复循环。

实验二 交通灯控制

一、实验目的

① 掌握数据输出程序的设计方法。
② 掌握模拟交通灯控制的实现方法。
③ 进一步了解软件延时方法。

二、实验设备

PC机,单片机原理实验箱。

三、实验内容

本实验用 P_1 口作输出口,接六只(两组红、黄、绿)发光二极管,分别作为东西方向、南北方向的指示灯,控制六个发光二极管的亮灭,以模拟交通灯管理。

四、实验原理

交通灯的亮灭规律如下:
➤ 状态 0:东西路口红灯亮,南北路口红灯亮,延时 3 s,然后转状态 1。
➤ 状态 1:东西路口绿灯亮,南北路口红灯亮,东西方向通车,延时 20 s 后转状态 2。
➤ 状态 2:东西路口绿灯灭,东西路口黄灯闪烁 5 次(黄灯先亮 0.5 s 再灭 0.5 s 即为 1 次闪烁),转状态 3。
➤ 状态 3:东西路口红灯亮,南北路口绿灯亮,南北方向通车,延时 15 s 后转状态 4。
➤ 状态 4:南北路口绿灯灭,南北路口黄灯闪烁 5 次,转状态 1。

五、实验原理图

实验二电路原理图如图 1.4 所示。

六、程序框图

实验二程序框图如图 1.5 所示。

第一章
单片机原理及应用实验

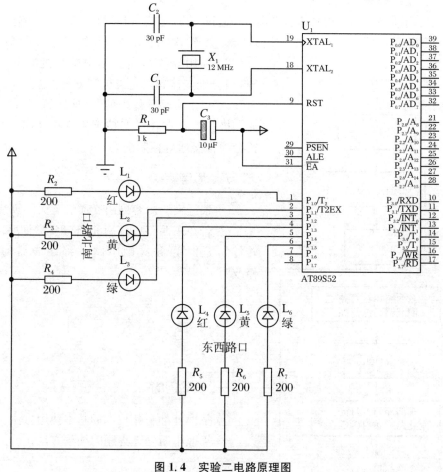

图 1.4 实验二电路原理图

七、实验步骤

1. 预习部分

① 根据程序框图,编写本次实验程序(汇编语言、C 语言均可),利用 Keil C51 软件编译源程序,生成 .HEX 文件或者 .BIN 文件。

② 利用 Proteus 软件绘制如图 1.4 所示的电路图并设置单片机的晶振频率,将①中生成的 .HEX 文件导入单片机中。

③ 点击 Proteus 的"开始"按键,观察实验现象与实验要求是否一致,如果不一致,请重新修改源程序后再进行编译及仿真调试,直至符合实验要求。

2. 实验部分

① 启动 PC 机,将单片机原理实验箱通过 USB 连接到 PC 机上,启动实验软件。

② 将预习部分生成的 .HEX 文件通过实验软件下载至单片机芯片 AT89S52。

③ 利用导线将实验箱中单片机的 $P_{1.0} \sim P_{1.5}$ 口分别连接到发光二极管 $L_1 \sim L_6$。

④ 点击实验软件中的"全速运行",观察发光二极管的状态在没有按下中断按钮时,是否符合模拟交通灯控制的要求。

八、思考题

① 根据实验内容列出交通灯亮灭的算法。

② 若在东西路口及南北路口各增加一"左转灯",延时为 8 s,则电路及程序应做何种修改?

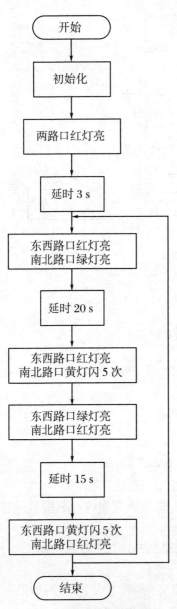

图 1.5 实验二程序框图

实验三 外部中断

一、实验目的

① 掌握外部中断技术的基本使用方法。

② 掌握中断处理程序的编程方法。

二、实验设备

PC 机,单片机原理实验箱。

三、实验内容

在实验二内容的基础上增加允许急救车优先通过的要求:当有急救车到达时,两个方向上的红灯亮,以便让急救车通过。假定急救车通过路口的时间为10 s,急救车通过后,交通灯恢复中断前的状态。本实验以按键作为中断申请,表示有急救车通过。

四、实验原理

本实验中断处理程序的应用中最主要的问题是如何保护进入中断前的状态,使得中断程序执行完毕后能回到交通灯中断前的状态。因此,除了要注意保护累加器 ACC、标志寄存器 PSW 外,还要注意主程序中的延时程序和中断处理程序中的延时程序二者不能混用,且主程序中往端口输出的数据要先保存再输出。

五、实验原理图

实验三电路原理图如图 1.6 所示。

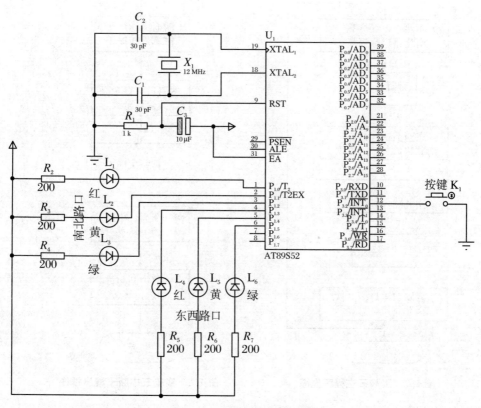

图 1.6 实验三电路原理图

六、程序框图

实验三程序框图如图 1.7 和图 1.8 所示。

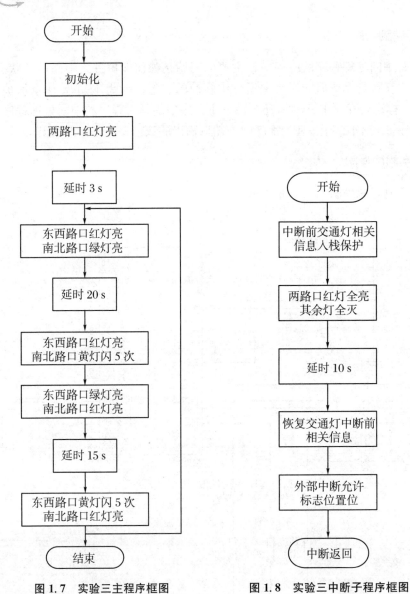

图1.7 实验三主程序框图　　图1.8 实验三中断子程序框图

七、实验步骤

1. 预习部分

① 根据程序框图,编写本次实验程序(汇编语言、C语言均可),利用Keil C51软件编译源程序,生成.HEX文件或者.BIN文件。

② 利用Proteus软件绘制如图1.6所示的电路图并设置单片机的晶振频率,

将上述①中生成的.HEX 文件导入单片机中。

③ 点击 Proteus 中的"开始"按键,观察实验现象是否与实验要求一致,如果不一致,请重新修改源程序后再进行编译及仿真调试,直至符合实验要求。

2. 实验部分

① 启动 PC 机,将单片机原理实验箱通过 USB 连接到 PC 机上,启动实验软件。

② 将预习部分生成的.HEX 文件通过实验软件下载至单片机芯片 AT89S52。

③ 利用导线将实验箱中单片机的 $P_{1.0} \sim P_{1.5}$ 口分别连接到发光二极管 $L_1 \sim L_6$,将单片机 $P_{3.2}$ 口连接到按键 K_1。

④ 点击实验软件中的"全速运行",观察发光二极管在没有按下中断按钮时是否符合模拟交通灯控制的要求。在不同的显示状态下按一下紧急按钮,观察两个路口的红灯是否亮起,并观察 10 s 后是否能回到按紧急按钮前的状态。

八、思考题

① 说明 51 系列单片机外部中断中边沿触发方式和电平触发方式的不同之处。

② 如何设置堆栈空间?在中断响应时哪些变量值要入栈?

③ 本实验使用外部中断 INT_0 来接收中断申请,从而控制 P_1 口的 LED 亮灭变化。请对实验程序及电路做修改,使用 INT_1 中断来完成同样的功能。

实验四 定 时 器

一、实验目的

① 掌握 8051 单片机定时器的工作原理、定时器的使用和编程方法。
② 进一步掌握中断处理程序的编写方法。

二、实验设备

PC 机,单片机原理实验箱。

三、实验内容

8051 内部定时器 0 按方式 1 工作,即作为十六位定时器使用,利用该中断产生 0.5 s 的时间间隔。P_1 口的 $P_{1.0} \sim P_{1.7}$ 分别接发光二极管的 $L_1 \sim L_8$。要求编写程序模拟一循环彩灯。彩灯变换花样可自行设计,此处给出的变化花样为:① L_1,L_2,$\cdots$,L_8 依次点亮;② L_1,L_2,$\cdots$,L_8 依次熄灭;③ L_1,L_2,$\cdots$,L_8 全亮或全灭。设置各时序间隔为 0.5 s,并让发光二极管按以上规律循环显示下去。

四、实验原理

当定时器/计数器设置成定时器工作方式时,在初值的基础上,每个机器周期向上加 1。由于一个系统的振荡频率是不变的,这样一个机器周期的时间就是固定的,所以一段时间内,知道了定时器/计数器的计数值,也就间接知道了过去了多少时间。时间精度仅仅取决于外部振荡频率或外接石英晶体的频率精度。更重要的是,采用定时器/计数器作为延时可以使用中断,这样主程序就不必为了延时而做无谓的等待,而可以继续进行其他任务,使 CPU 的效率得到很大的提高。主要步骤如下:

① 定时常数的确定。定时器/计数器的输入脉冲周期与机器周期一样,都为振荡频率的 1/12。本实验中时钟频率为 12 MHz,现要采用中断方法来实现 0.5 s 延时。要在定时器 0 中设置一个初值,使其每隔 50 ms 产生一次中断,CPU 响应中断后将计数值减 1,计数 10 次,即可实现 0.5 s 延时。

时间常数可按下述方法确定:

➢ 机器周期 $=12\div$ 晶振频率 $=12/(12\times 10^6)=1~\mu s$。

➢ 设计数初值为 X,则 $X=65\,536-50\times 0.001\times 10^6=15\,536$ D。

➢ 化为十六进制,则 $X=3CB0H$,故初始值为 TH1=3CH,TL1=B0H。

② 初始化程序。包括定时器初始化和中断系统初始化,主要是对 IP,IE,TCON,TMOD 的相应位进行正确的设置并将时间常数送入定时器中。由于只有定时器中断,所以 IP 不必设置。

③ 设计中断服务程序和主程序。中断服务程序除了要完成计数减 1 工作外,还要将时间常数重新送入定时器中,为下一次中断作准备。主程序则用来控制发光二极管按要求顺序亮灭。

五、实验电路

实验四电路原理图如图 1.9 所示。

六、程序框图

实验四程序框图如图 1.10 和图 1.11 所示。

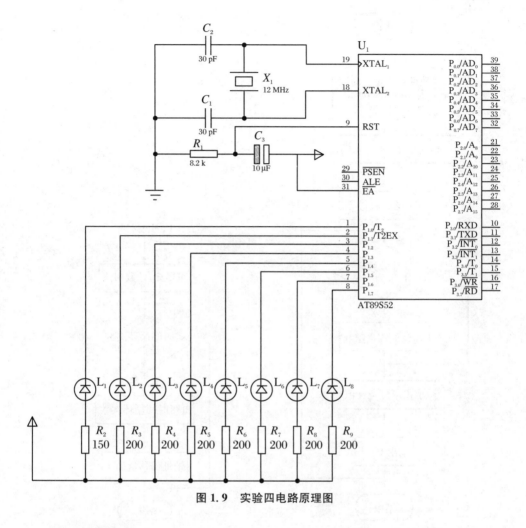

图 1.9 实验四电路原理图

七、实验步骤

1. 预习部分

① 根据程序框图编写本次实验程序(汇编语言、C 语言均可),利用 Keil C51 软件编译源程序,生成 .HEX 文件或者 .BIN 文件。

② 利用 Proteus 软件绘制如图 1.9 所示的电路图并设置单片机的晶振频率,将①中生成的 .HEX 文件导入单片机中。

③ 点击 Proteus 中的"开始"按键,观察实验现象是否与实验要求一致,如果不一致,请重新修改源程序后再进行编译及仿真调试,直至符合实验要求。

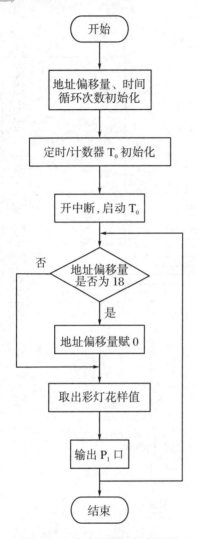
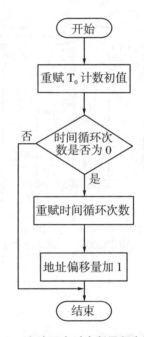

图 1.10　实验四主程序流程图　　图 1.11　实验四定时中断子程序流程图

2. 实验部分

① 启动 PC 机,将单片机原理实验箱通过 USB 连接到 PC 机上,启动实验软件。

② 将预习部分生成的 .HEX 文件通过实验软件下载至单片机芯片 AT89S52。

③ 用导线将实验箱中单片机的 $P_{1.0} \sim P_{1.7}$ 口分别连接到发光二极管 $L_1 \sim L_8$。

④ 点击实验软件中的"全速运行",观察实验现象。

八、思考题

① 本系统中,定时器工作于方式 0、方式 1、方式 2 时,其最大定时时间各是多少?

② 编写程序,满足如下要求:第一种花样由左向右间隔 0.5 s 亮一个、两个……八个;第二种花样,在第一种花样末尾全亮的基础上,由右向左间隔 0.5 s 灭一个、两个……八个;第三种花样,自左向右相邻的两个灯同时亮,然后每隔 0.5 s 向右移动一位,移动七次,然后是全亮再全灭;第四种花样,自左向右相邻的三个灯同时亮,然后每隔 0.5 s 向右移动一位,移动六次,然后是全亮再全灭;第五种花样,自左向右相邻的四个灯同时亮,然后每隔 0.5 s 向右移动一位,移动五次,然后是全亮再全灭;第六种花样,自右向左间隔 0.5 s 亮一个、两个……八个;第七种花样,自左向右间隔 0.5 s 灭一个、两个……八个;第八种花样,全亮间隔 0.5 s 全灭,循环四次;第九种花样,先 1,3,5,7 亮,间隔 0.5 s 后 2,4,6,8 亮。这九种花样周而复始地循环。

实验五 模/数转换

一、实验目的

① 掌握模/数(A/D)转换芯片 ADC0809 与单片机的接口方法。
② 了解 A/D 转换芯片 ADC0809 转换性能及编程方法。
③ 了解单片机如何进行数据采集。

二、实验设备

PC 机,单片机原理实验箱,万用表。

三、实验内容

用单片机实验箱上的 ADC0809 作 A/D 转换器,用电位器提供模拟电压信号输入,编制程序将输入的模拟量转换成数字量,再把数字量通过单片机的 P_1 口输出到八个 LED 发光二极管并显示出来。为了让高电平对应 LED 亮,低电平对应 LED 灭,在输出之前要对模拟量转换成的数字量取反。这样我们就可以通过 LED 的亮灭将数字量写出来,再将该数字换算成电压值,与输入的实际电压(用万用表测得)进行比较,分析误差产生的原因。

四、实验原理

A/D 转换器大致有三类:一是双积分 A/D 转换器,精度高、抗干扰性好、价格低但速度慢;二是逐次逼近式 A/D 转换器,精度、速度、价格适中;三是并行 A/D 转换器,速度快但价格高。

实验用的 ADC0809 属第二类逐次逼近式八位 A/D 转换器。每采样转换一次模拟量需 100 μs。ADC0809 的 Start 端为 A/D 转换启动信号,ALE 端为通道选择地址的锁存信号。实验电路将其相连,以便在开始锁存通道地址的同时进行 A/D 采样转换,故启动 A/D 转换只需如下指令(由 A 提供通道号,若使用 IN_0,将 A 赋值为 00H):

    MOV A,♯00H
    MOV DPTR,♯PORT
    MOVX @DPTR,A

A/D 转换结束后会自动产生 EOC 信号与单片机的 INT_0 相连接。在处理程序中,使用如下指令即可读取 A/D 转换的结果:

    MOV DPTR,♯PORT
    MOVX A,@DPTR

五、实验电路

实验五电路原理图如图 1.12 所示。

六、程序框图

实验五程序框图如图 1.13 所示。

七、实验步骤

1. 预习部分

① 根据程序框图,编写本次实验程序(汇编语言、C 语言均可),利用 Keil C51 软件编译源程序,生成 .HEX 文件或者 .BIN 文件。

② 利用 Proteus 软件绘制仿真图并设置单片机的晶振频率,将①中生成的 .HEX 文件导入单片机中。

③ 点击 Proteus 中"开始"按键,观察实验现象是否与实验要求一致,如果不一致,请重新修改源程序后再进行编译及仿真调试,直至符合实验要求。

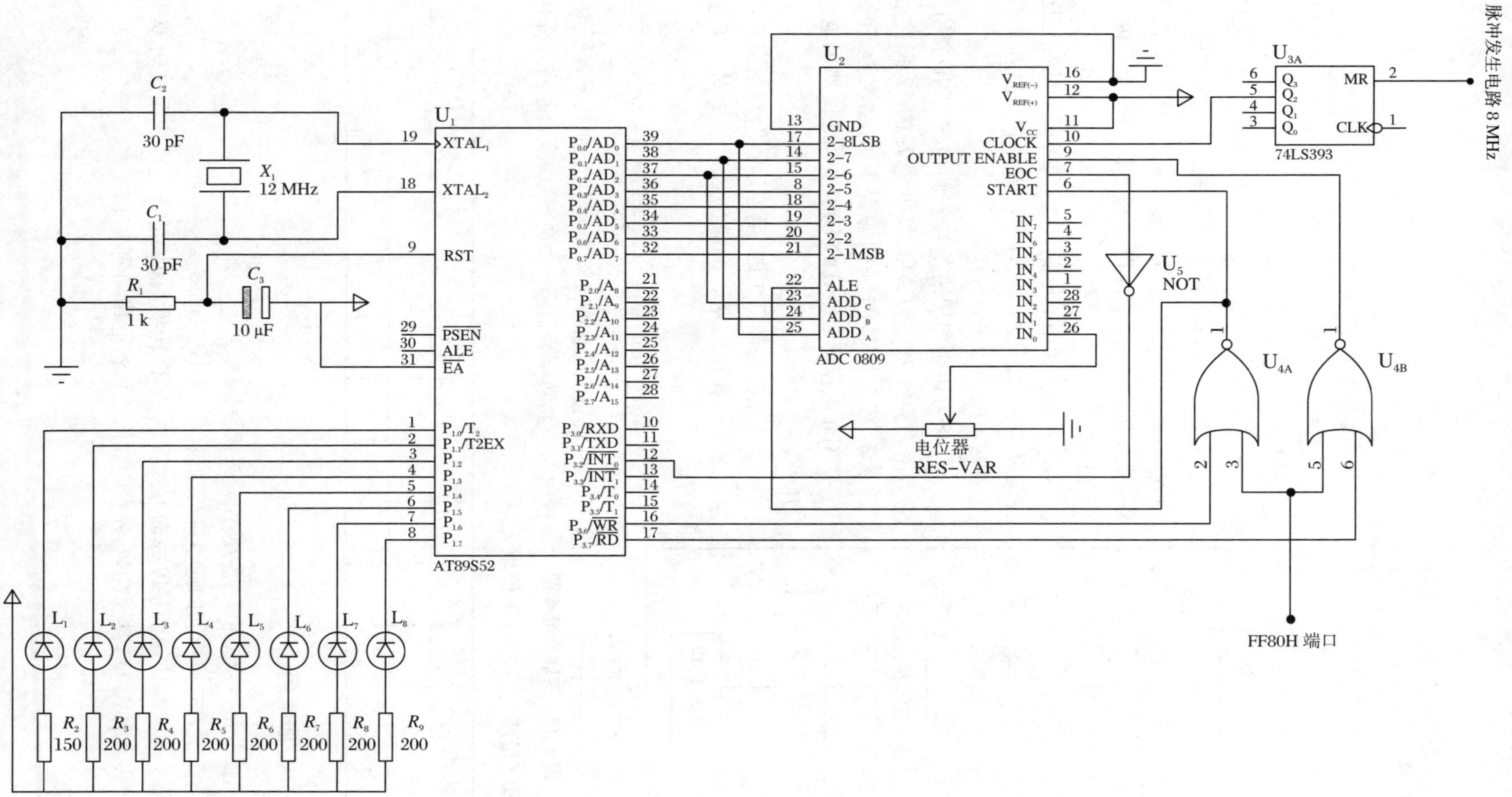

图 1.12 实验五电路原理图

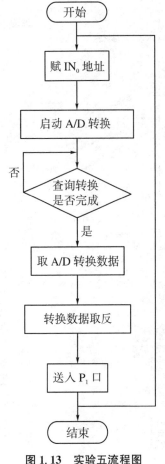

图 1.13 实验五流程图

2. 实验部分

① 启动 PC 机,将单片机原理实验箱通过 USB 连接到 PC 机上,启动实验软件。

② 利用导线将实验箱中 ADC0809 的 IN_0 连接电位器的 $AOUT_1$,EOC 端接 $P_{3.2}$ 口,CS_4 接 FF80H,脉冲发生器 8 MHz 输出端接 74LS393 的 T 端,单片机的 $P_{1.0} \sim P_{1.7}$ 口分别连接到发光二极管 $L_1 \sim L_8$。

③ 结合实验中的电路,修改预习部分的源程序并编译生成 .HEX 文件,通过实验软件下载至单片机芯片 AT89S52。

④ 将万用表的黑表笔接实验箱的 GND 插孔,将万用表的红表笔和 ADC0809 芯片的 12 脚接触(注意不要将相邻的管脚短路),调整实验箱的 $V_{REF}.ADJ$ 电位器,使 ADC0809 芯片的 12 脚的电压为 5 V。

⑤ 点击实验软件中的"全速运行",观察实验现象。如下计算模拟量转换成的数字量所对应的电压值:

$$计算电压值 = \frac{转换数字量}{255} \times 5 \text{ V}$$

⑥ 调整电位器使 IN_0 的电压分别如下表所示,读出对应的数字量(用十六进制数表示)并将计算出的数字量所对应的电压值填入下表。

IN_0 电压/V	0	0.5	1	1.5	2	2.5	3	3.5	4	4.5	5
数字量											
计算值											

八、思考题

① 分析 ADC0809 的转换误差来源。

② 试着变换不同的通道进行测量。

③ 本实验使用的是以查询方式读取 A/D 转换数据,可否直接使用延时或中断方式读取 A/D 转换数据?程序应如何编写?电路如何改变?

第二章　微型计算机原理及应用实验

一、实验课程简介

"微型计算机原理及应用实验"是"微型计算机原理及应用"课程重要的实践教学环节。实验的目的不仅仅是验证理论知识，更重要的是通过实验教学提高学生的实验动手能力与实践技能，使学生掌握常用仪器仪表的使用方法，培养学生分析问题、解决问题、应用知识的能力和创新精神。充分放手让学生自行设计、自主实验，真正培养学生的实践能力，全面提高学生的综合素质。

二、微型计算机原理实验箱平台简述

ZY 系列 8086/88 计算机实验箱是湖北众友科技实业股份有限公司生产的 8086 实验系统，实验箱配置的硬件资源多，内置仿真器，通过 USB 口可直接与 PC 机相连，配备 Windows XP 仿真调试软件，支持机器码、汇编、C 三种语言的开发和调试，配有各种计算机常用的 I/O 接口芯片，配备键盘、数码显示、发光二极管显示、开关量、扬声器等输入和输出设备。用户可根据自己的需要安排实验内容。

三、汇编语言操作简介

汇编语言平台主要由以下几个部分组成：
① MS-DOS 操作系统，如 MSDOS 6.22,MSDOS 7.0 等。
② 文本编辑器，如 EDIT.COM,NOTEPAD.EXE 等。
③ 汇编程序，如 MASM.EXE,ASM.EXE 等。
④ 连接程序，如 LINK.EXE 等。
⑤ 调试程序，如 DEBUG.EXE 等。
在计算机上运行汇编语言程序的步骤如图 2.1 所示。

图 2.1　在计算机上运行汇编语言程序的步骤

实验一 简单的程序设计

一、实验目的

① 了解汇编语言程序设计的基本格式。
② 掌握常用寻址方式和简单指令的执行过程。
③ 掌握 Debug 常用命令及调试过程。

二、实验设备

计算机。

三、实验原理

本次实验程序简单,计算机执行程序的形式是从头到尾逐条执行指令语句,直到程序结束。此种程序称为顺序结构程序,这是程序的最基本形式,任何程序都离不开这种形式。顺序结构程序原理图如图 2.2 所示。

四、实验内容

① 编写汇编语言程序,用 DOS 系统功能调用 21H 中断的 02H 功能显示字符"A"。
② 编写汇编语言程序,用 DOS 系统功能调用 21H 中断的 09H 功能显示字符串"My name is Chinese"。程序流程图如图 2.3 所示。

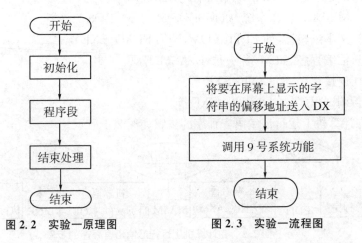

图 2.2 实验一原理图　　　　图 2.3 实验一流程图

五、实验步骤

1. 建立 .ASM 文件

在 Windows 系统环境下,应用记事本编辑程序建立源文件。

2. 用汇编程序 MASM 对源文件汇编产生目标文件(.OBJ)

在 Windows 环境下,点击 MASM 文件,而后输入 .ASM 的文件名,如

    C:\>MASM ABC.ASM↙

如汇编指示出错则需重新调用编辑程序修改错误,直到汇编通过为止;若调试时需要用 LST 文件,则应在汇编过程中建立该文件。

3. 用连接程序 LINK 产生可执行文件(.EXE)

在 Windows 环境下,点击 LINK 文件,而后输入 .OBJ 文件的文件名,如

    C:\>LINK ABC.OBJ↙

4. 执行程序

在 Windows 环境下,点击 .EXE 文件运行程序,也可在 DOS 环境下执行程序,如

    C:\>ABC↙

屏幕终端上显示出程序运行结果。

六、实验报告

① 编写汇编语言程序,用 DOS 系统功能调用 21H 中断的 02H 功能显示字符"A"。

② 编写汇编语言程序,用 DOS 系统功能调用 21H 中断的 09H 功能显示字符串"My name is Chinese"。

③ 写出每个程序的运行结果。

七、预习要求

① 分析题目,确定算法。
② 编写汇编语言源程序。

八、思考题

① 编程将十进制数的 ASCII 码转换为 BCD 码。要求:用 Debug 的 E 命令从键盘输入的五位十进制数的 ASCII 码已存放在 3500H 起始的内存单元内(如 30H,30H,32H,34H,30H),将它转换为 BCD 码后,再分别存入 350AH 起始的内存单元内。若输入的不是十进制数的 ASCII 码,则对应存放结果的单元内容

为"FF"。

② 编程将十六位二进制数(用二字节十六进制数表示)转换为五位 ASCII 码表示的十进制数。要求:在 3500H～3501H 单元中存放被转换的十六位二进制数(如 00AAH),将转换结果存放到 3510H～3514H 单元中。

实验二 分支程序设计

一、实验目的

① 掌握分支程序的基本设计思想。
② 熟练掌握分支结构程序的设计过程和调试方法。

二、实验设备

计算机。

三、实验原理

分支程序利用条件转移指令使程序执行到某一指令后,根据条件(即上面运行的情况)是否满足来改变程序执行的次序。这类程序使计算机有了判断能力。一般来说,分支程序会先用比较指令或数据操作及位检测指令等来改变标志寄存器的各个标志位,然后用条件转移指令进行分支。分支程序执行完后可以立即结束,也可以转到公共点结束。分支程序可以再分支,各分支程序之间没有对应关系,分支程序只要求在转移指令中给出目标地址即可实现程序分支。分支结构原理图如图 2.4 所示。

四、实验内容

① 编写汇编语言程序,用 DOS 系统功能调用 21H 的 08H 功能接收键盘字符(AL=字符),若是"F",显示"This is the first word string.";若是"S",显示"This is the second word string.",否则退出。

② 程序流程图如图 2.5 所示。

五、实验步骤

① 用编辑程序建立 .ASM 源程序文件。
② 用汇编程序检查程序中的语法错误,利用出错信息提示,确定出错位置和

出错原因,修正错误直至汇编程序产生目标文件。

③ 用连接程序连接和定位,产生 .EXE 可执行文件。

④ 执行程序。

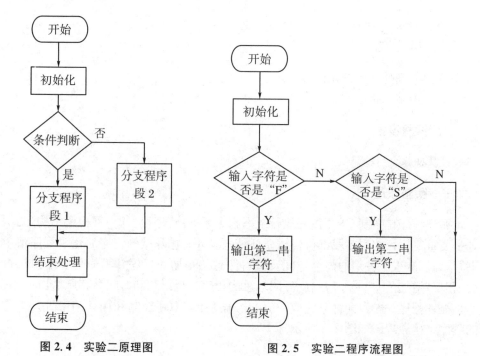

图 2.4　实验二原理图　　　　图 2.5　实验二程序流程图

六、实验报告

① 编写汇编语言程序,用 DOS 系统功能调用 21H 中断的 08H 功能接收键盘字符(AL＝字符),若是"F",显示"This is the first word string.";若是"S",显示"This is the second word string.",否则退出。

② 写出该程序的运行结果。

七、预习要求

① 分析题目,确定算法。

② 编写汇编语言源程序。

八、思考题

编写程序,将二十个百分制的分数按＜60,60～69,70～79,80～89,90～99 和 100 共六档进行分类,统计出每档分数的个数及总数。

实验三　循环程序的设计

一、实验目的

① 熟习循环程序的设计方法。
② 学习乘法指令的用法。

二、实验设备

计算机。

三、实验原理

循环程序是强制 CPU 重复执行某一指令系列(程序段)的一种程序结构形式,凡是要重复执行的程序段都可以按循环结构设计。循环结构程序简化了程序清单书写形式,减少了占用的内存空间。值得注意的是循环程序并不简化程序执行过程,相反,增加了一些循环控制等环节,总的程序执行语句和时间会有所增加。

循环程序一般由四部分组成:初始化、循环体、循环控制和循环结束处理。它的程序结构原理图如图 2.6 所示。

四、实验内容

① 实现两个字节相乘的程序并转换成十六进制数,显示出结果(11H×12H 的结果)。
② 程序流程图如图 2.7 所示。

五、实验步骤

① 用编辑程序建立文件名为 .ASM 的源程序文件。
② 用汇编程序检查程序中的语法错误,利用出错信息提示确定出错位置和出错原因,修正错误直至汇编程序产生目标文件。
③ 用连接程序连接和定位,产生 .EXE 可执行文件。
④ 执行程序。

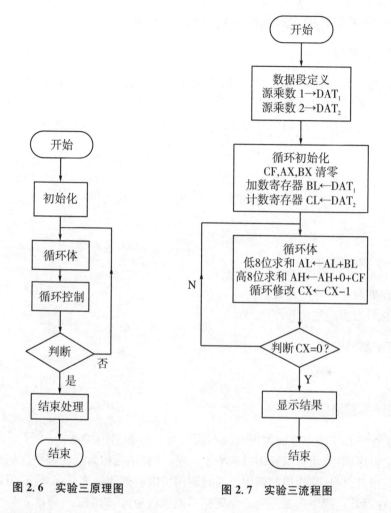

图 2.6　实验三原理图　　　　图 2.7　实验三流程图

六、实验报告

① 编写程序实现两个字节相乘并转换成十六进制数显示出结果（11H×12H 的结果）。

② 写出该程序的运行结果。

七、预习要求

① 分析题目，确定算法。
② 说明入口参数与出口参数、参数的输入与输出方法。
③ 实验前准备好汇编语言源程序。
提示：两个数据放在数据段的 DAT_1 和 DAT_2 中。计算结果转换成 ASCII 码

显示,用 INT 21H 的 02H 功能(DL=显示字符)显示结果。

八、思考题

① 编写程序把存储区 F000H:1000H~10FFH 单元的内容传送到起始地址为 6000H:0000H 的存储区中。

② 编写程序使 $S=1+2\times3+3\times4+\cdots+N\times(N+1)$,直到 $N\times(N+1)$ 项大于 20 为止。

实验四 子程序的设计

一、实验目的

① 熟习子程序的设计方法。
② 学习多位加法程序。

二、实验设备

计算机。

三、实验原理

主程序和子程序之间调用与被调用只是一种相对的关系,一个子程序不仅可以被主程序调用,也可以调用另一个子程序,这种结构称为嵌套调用。如果一个子程序调用其自身,称为递归调用。递归调用可以有效地处理迭代算法,但由于结构特殊,在设计过程中需要注意避免死循环或堆栈溢出,如图 2.8 所示。

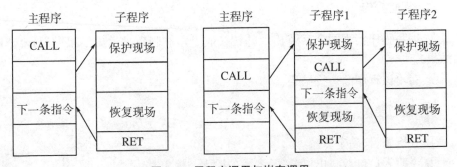

图 2.8 子程序调用与嵌套调用

四、实验内容

① 实现多字节非组合 BCD 码相加的程序,并显示出 12345678＋98765432 的结果。

② 程序流程图如图 2.9 所示。

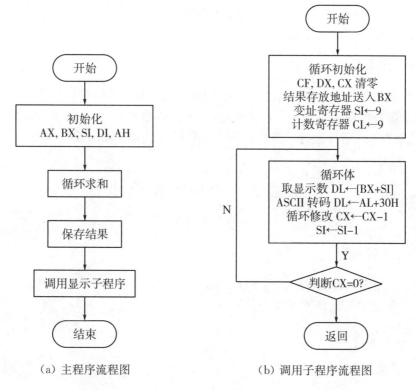

(a) 主程序流程图　　　　　(b) 调用子程序流程图

图 2.9　实验四流程图

五、实验步骤

① 用编辑程序建立文件名为 .ASM 的源程序文件。

② 用汇编程序检查程序中的语法错误,利用出错信息提示确定出错位置和出错原因,修正错误直至汇编程序产生目标文件。

③ 用连接程序连接和定位,产生 .EXE 可执行文件。

④ 执行程序。

六、实验报告

① 编写程序实现多字节非组合 BCD 码相加的程序,并显示出 12345678＋

98765432 的结果。

②写出该程序的运行结果。

七、预习要求

① 分析题目,确定算法。
② 说明入口参数与出口参数的输入与输出方法。
③ 实验前准备好汇编语言源程序。

八、思考题

① 求无符号数字节序列中的最大值和最小值,具体数据在 Data 段中定义。
② 编程实现 $1+2+\cdots+n$ 求和的功能,入口参数 $CX=n, AX=0$,出口参数 AX 为级数和。程序运行结果存入存储单元中,可使用 Debug 命令核查。

实验五 查表程序设计

一、实验目的

① 了解掌握查表程序结构设计方法。
② 熟习和掌握 DOS 功能调用。

二、实验设备

计算机。

三、实验原理

所谓的查表法是指人们在计算机工作前先把全部答案存放在计算机的内存中,而工作时程序用间接地址的方法取出变量对应的结果。这里需要两种地址:一是表格的起始地址(或称基地址),二是某一答案在表中的序号(或称索引值)。答案的地址值等于基地址加上索引值,求地址值的流程如图 2.10 所示。

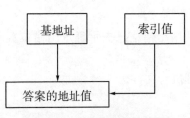

图 2.10 求地址值流程图

四、实验内容

① 在数据区中,以 Table 开始连续存放 0～6 的立方值(称为立方表),设任给一数 $x(0 \leqslant x \leqslant 6)$,$x$ 在 Tab_1 单元,查表求 x 的立方值,并把结果存入 Tab_2 单元。要求输入的数及最后结果要显示在屏幕上。

② 程序流程图如图 2.11 所示。

五、实验步骤

① 用编辑程序建立文件名为 .ASM 的源程序文件。

② 用汇编程序检查程序中的语法错误,利用出错信息提示确定出错位置和出错原因,修正错误直至汇编程序产生目标文件。

③ 用连接程序连接和定位,产生 .EXE 可执行文件。

④ 执行程序。

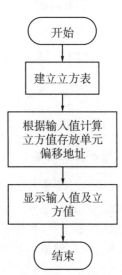

图 2.11 查表流程图

六、实验报告

① 编写程序,在数据区中,实现以 Table 开始连续存放 0～6 的立方值(称为立方表),设任给一个数 $x(0 \leqslant x \leqslant 6)$,$x$ 在 Tab_1 单元,查表求 x 的立方值并把结果存入 Tab_2 单元。要求输入的数及最后结果要显示在屏幕上。

② 写出该程序的运行结果。

七、预习要求

① 分析题目,确定算法。

② 编写汇编语言源程序。

八、思考题

内存自 Table 开始的连续十个单元中放有 0～9 的平方值,查表求 Data 中任意数 $x(0 \leqslant x \leqslant 9)$ 的平方值,并将结果放到 Result 中。

实验六 系统功能调用

一、实验目的

① 了解 INT 21H 各功能块的功能和使用方法。
② 掌握 PC 机显示控制。

二、实验设备

计算机。

三、实验原理

INT 21H 是系统功能调用,它本身包含八十多个子程序,每个子程序对应一个功能号,其标号为 0H~57H。系统功能调用中的几十个子程序成为汇编语言程序员的重要工具,程序员不必了解所使用设备的物理特性、接口方式及内存分配等,不必编写繁琐的控制程序。调用它们时采用统一的格式,只需使用以下三个语句:
① 传送入口参数到指定寄存器中。
② 功能号送入 AH 寄存器中。
③ INT 21H。
系统功能调用的流程如图 2.12 所示。

四、实验内容

① 编写一个"镜子"程序,其功能是接收并回显键盘输入的一串字符,然后在下一行再将该串字符显示出来。
② 程序流程图如图 2.13 所示。

五、实验步骤

① 用编辑程序建立文件名为 .ASM 的源程序文件。
② 用汇编程序检查程序中的语法错误,利用出错信息提示确定出错位置和出错原因,修正错误直至汇编程序产生目标文件。
③ 用连接程序连接和定位,产生 .EXE 可执行文件。
④ 执行程序。

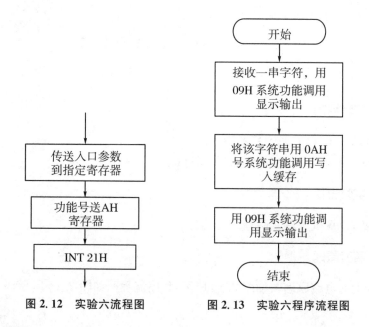

图 2.12　实验六流程图　　图 2.13　实验六程序流程图

六、实验报告

① 编写一个"镜子"程序,其功能是接收并回显键盘输入的一串字符,然后在下一行再将该串字符显示出来。

② 写出该程序的运行结果。

七、预习要求

① 分析题目,确定算法。

② 编写汇编语言源程序。

八、思考题

① 调用 INT 21H 中的 0AH 号功能时,用 0AH 输入字符串,不加处理,能否直接调用 09H 系统功能显示输出?

② 调用 INT 21H 中的显示功能,在显示器上逐个显示 A～Z 二十六个英文字母。

实验七 简单 I/O 口扩展

一、实验目的

① 掌握 I/O 口扩展的基本原理。
② 掌握 I/O 口扩展后信息的传递过程。

二、实验设备

PC 机,计算机原理实验箱。

三、实验原理

实验七的电路原理图如图 2.14 所示,程序流程图如图 2.15 所示。

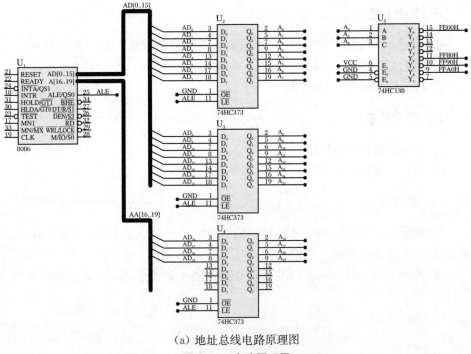

(a) 地址总线电路原理图

图 2.14 电路原理图

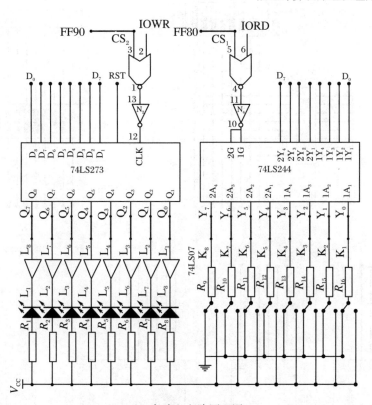

(b) 实验七电路原理图

续图 2.14

四、实验内容及步骤/原理

1. 仿真实验

① 仿真实验内容:同硬件实验。

② 仿真电路图如图 2.16 所示(仅供参考,学生尽量自己设计原理图)。

2. 硬件实验

① 实验内容:利用 74LS244 作为输入口,读取开关状态,并将此状态通过 74LS273 再驱动发光二极管显示出来。

② 实验步骤:

A. 按图 2.14(b)接线,$Y_0 \sim Y_7$ 分别接 $K_1 \sim K_8$,$Q_0 \sim Q_7$ 分别接 $L_1 \sim L_8$,CS_1 接 FF80H 孔,CS_2 接 FF90H 孔。

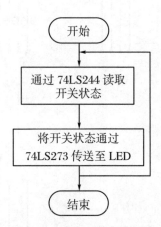

图 2.15 实验七程序流程图

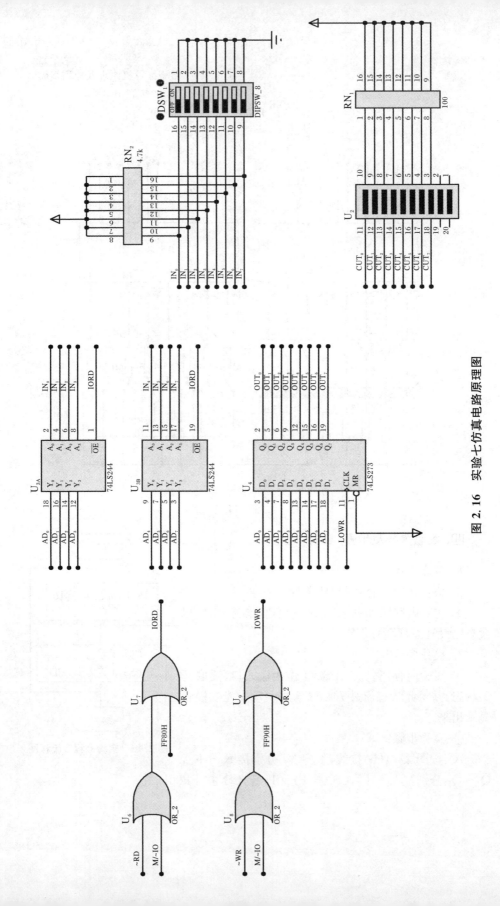

图 2.16 实验七仿真电路原理图

B. 运行实验程序。

C. 按动 $K_1 \sim K_8$,观察 $L_1 \sim L_8$ 是否对应点亮。

五、实验报告

① 描述实验结果。

② IN AL,DX 与 IN AX,DX 有何区别?

③ 描述交换信号的种类和 I/O 控制方式的种类,回答本实验中的信号属于什么类型? 属于什么控制方式?

六、预习要求

① 掌握 74HC373 芯片的原理和使用方法。

② 掌握 74LS138 芯片的原理和使用方法。

七、思考题

① 为什么要扩展 I/O 口?

② 在什么情况下,需要扩展 I/O 口?

实验八　8255 并　口

一、实验目的

① 掌握 8255 芯片的结构和工作原理。

② 掌握 8255 控制字和初始化编程方法。

③ 掌握 8255 口地址的确定方法。

二、实验设备

PC 机,计算机原理实验箱。

三、实验原理

① 8255A 芯片简介:8255A 可编程外围接口芯片是 Intel 公司生产的通用并行接口芯片,它具有 A,B,C 三个并行接口,用+5 V 单电源供电,能在以下三种方式下工作:

➤ 方式 0:基本 I/O 方式。

➤ 方式 1:选通 I/O 方式。

▶ 方式 2：双向选通工作方式。

② 使 8255A 端口 A 工作在方式 0 下并作为输入口，读取 $K_1 \sim K_8$ 的开关量，端口 B 工作在方式 0 下并作为输出口。

③ 实验八电路原理图如图 2.17 所示。

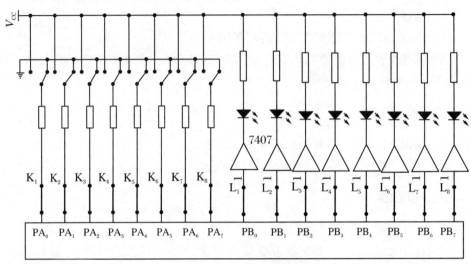

图 2.17　实验八电路原理图

④ 实验八程序流程图如图 2.18 所示。

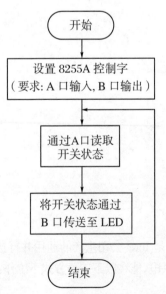

图 2.18　实验八程序流程图

四、实验内容及步骤/原理

1. 仿真实验

① 仿真实验内容：同硬件实验。

② 仿真电路图如图 2.19 所示（仅供参考，学生尽量自己设计原理图）。

2. 硬件实验

① 实验内容：用 8255A 芯片的 A 口控制 B 口。

② 实验步骤：

A. 将 8255A 芯片 A 口的 $PA_0 \sim PA_7$ 依次和 $K_1 \sim K_8$ 的开关量输入相连。

B. 将 8255A 芯片 B 口的 $PB_0 \sim PB_7$ 依次接 $L_1 \sim L_8$。

C. 运行实验程序。

D. 拨动开关观察现象。

五、实验报告

① 说明如何进行 8255A 控制字符设置？

② 描述实验现象。

③ 如果将 8255A 的 C 口作输入，A 口作输出，程序应如何修改？

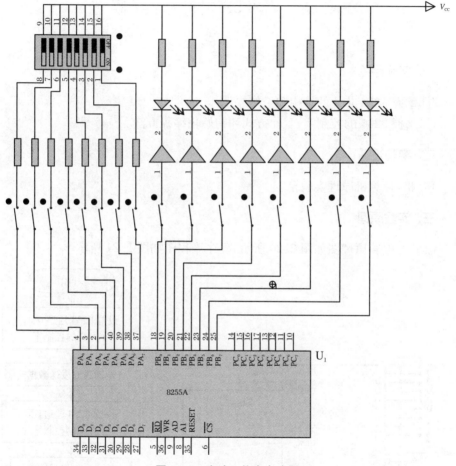

图 2.19　实验八仿真电路图

六、预习要求

① 掌握 8255 芯片的结构和工作原理。

② 掌握 8255 控制字符和初始化编程方法。

七、思考题

① 使用一片 8255 芯片可以扩展几个并口？
② 使用 8255 芯片扩展出的并口和原有的并口在使用上一样吗？

实验九　8253 定时/计数器

一、实验目的

① 掌握 8253 芯片的结构和工作原理。
② 掌握 8253 的控制字、工作方式和初始化编程方法。

二、实验设备

PC 机,计算机原理实验箱。

三、实验原理

实验九电路原理图如图 2.20 所示,程序流程图如图 2.21 所示。

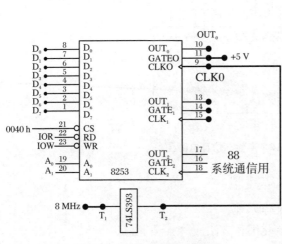

图 2.20　实验九电路原理图

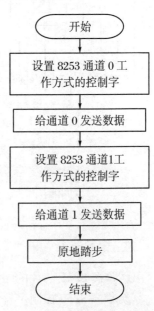

图 2.21　实验九程序流程图

四、实验内容及步骤/原理

1. 仿真实验

① 仿真实验内容:同硬件实验。

② 仿真电路图如图 2.22 所示(仅供参考,学生尽量自己设计原理图)。

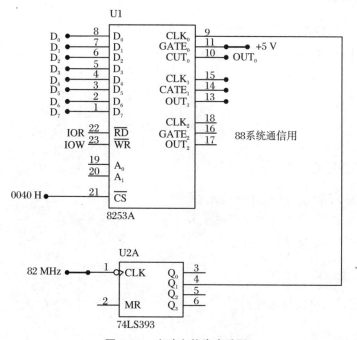

图 2.22　实验九仿真电路图

2. 硬件实验

① 实验内容:使 8253 的 0 通道工作在方式 3 产生方波。

② 实验步骤:

A. 按图连好实验线路:8253 的 $GATE_0$ 接+5 V;8253 的 CLK_0 插孔接分频器 74LS393(左下方)的 T_2 插孔,分频器的频率源为 8.0 MHz,T 的频率为8.0 MHz。

B. 运行实验程序。

五、实验报告

① 说明如何对 8253 控制字进行设置。

② 描述实验现象。

③ 说明 GATE 信号在六种工作方式中的功能。

六、预习要求

① 掌握8253芯片的结构和工作原理。

② 掌握8253控制字、工作方式和初始化编程方法。

七、思考题

① 8253的哪种工作方式能产生连续方波输出?

② 8253某计数器的最大计数初值是多少?

实验十 8259 中 断

一、实验目的

① 掌握8259芯片的结构和工作原理。

② 掌握8259的控制字和工作方式。

③ 掌握8259级联的使用方法。

二、实验设备

PC机,计算机原理实验箱。

三、实验原理

实验十电路图如图2.23所示,程序流程图如图2.24所示。

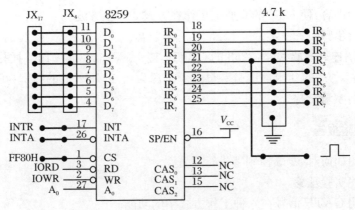

图 2.23 实验十电路图

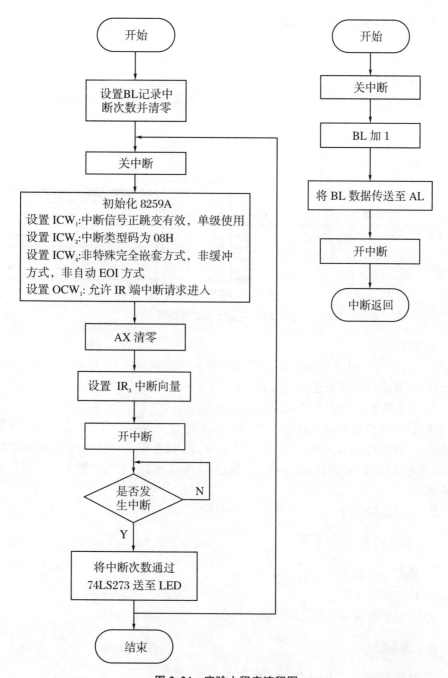

图 2.24 实验十程序流程图

四、实验内容及步骤/原理

1. 仿真实验

① 仿真实验内容:同硬件实验。

② 仿真电路图如图 2.25 所示(仅供参考,学生尽量自己设计原理图):

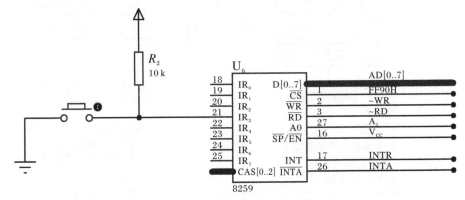

图 2.25 实验十仿真电路图

2. 硬件实验

① 实验内容:利用 8259 实现对外部中断的响应和处理,要求程序对每次中断进行计数,并将计数结果进行数码显示。

② 实验步骤:

A. 按图连接好实验线路图:8259 的 INT 连接 8088 的 INTR;8259 的 INTA 连接 8088 的 INTA;插孔和 8259 的 3 号中断 IR_3 插孔相连,端初始为低电平;8259 的 CS 端接 FF80H 孔;74LS273 的 CS 端接 FF90H 孔;发光二极管 $L_1 \sim L_8$ 接 273 的输出端。

B. 运行实验程序。

五、实验报告

① 说明如何对 8259A 控制字进行设置。

② 描述实验现象。

③ 说明中断返回为何使用 IRET 指令。

六、预习要求

① 掌握 8259 芯片的结构和工作原理。

② 掌握 8259 的控制字和工作方式。

③ 掌握 8259 级联的使用方法。

七、思考题

① 8259 可以提供多少个中断类型号？
② 什么是中断向量地址？

实验十一　模/数转换

一、实验目的

① 掌握 ADC 0809 芯片的结构和工作原理。
② 掌握 ADC 0809 的启动与接线之间的关系。
③ 掌握利用 ADC 0809 实现模/数(A/D)转换并显示结果的方法。

二、实验设备

PC 机，计算机原理实验箱，万用表等。

三、实验原理

实验十一电路图如图 2.26 所示，程序流程图如图 2.27 所示。

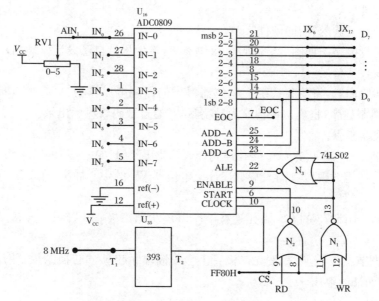

图 2.26　实验十一电路图

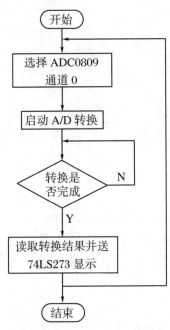

图 2.27 实验十一程序流程图

四、实验内容及步骤/原理

1. 仿真实验

① 仿真实验内容:同硬件实验。

② 仿真电路图如图 2.28 所示(仅供参考,学生尽量自己设计原理图)。

2. 硬件实验

① 实验内容:将实验系统上电位器提供的可调电压作为 ADC0809 模拟信号的输入,编制程序,将模拟量转换为数字量,并通过数码管显示出来。

② 实验步骤:

A. 将 ADC0809 的 CS_4 插孔连到译码输出 FF80H 插孔,T 的频率为 8 MHz。

B. 将通道 0 模拟量输入端 IN_0 连接电位器 W_1 的中心插头 $AOUT_1$(0~5 V)插孔。

C. 将 74LS273 的 CS 插孔连接 FF90H,发光二极管 L_1~L_8 连接 273 的输出端。

D. 调节电位器 W_1,发光二极管上会不断显示出新的转换结果,使用万用表记录 W_1 两端的电压。

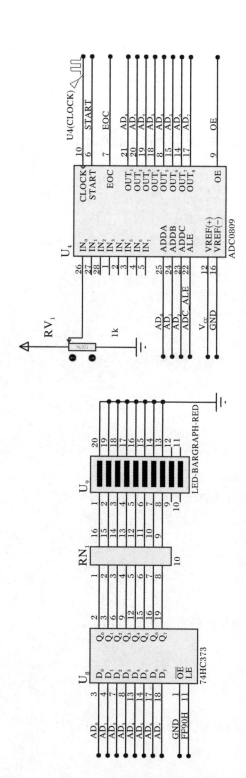
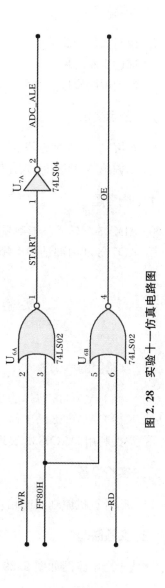

图 2.28 实验十一仿真电路图

五、实验报告

① 说明如何判断 ADC0809 转换完成？
② 描述实验现象。
③ 作图说明模拟量和数字量的关系，并讨论误差产生的原因。

六、预习要求

① 了解 A/D 转换的基本原理。
② 掌握 ADC0809 的使用方法。

七、思考题

① ADC0809 转换器有哪些特点？
② ADC0809 内部结构由哪几部分组成？

实验十二　数/模转换

一、实验目的

① 掌握 DAC0832 芯片的结构和工作原理。
② 掌握 DAC0832 的工作方式和编程方法。
③ 掌握利用 DAC0832 实现数/模（D/A）转换和观察结果的方法。

二、实验设备

PC 机，计算机原理实验箱，示波器等。

三、实验原理

实验十二电路图如图 2.29 所示，程序流程图如图 2.30 所示。

四、实验内容及步骤/原理

1. 仿真实验

① 仿真实验内容：同硬件实验。
② 仿真电路图如图 2.31 所示（仅供参考，学生尽量自己设计原理图）。

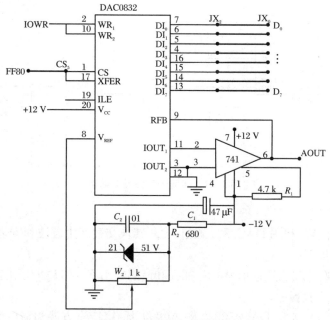

图 2.29 实验十二电路图

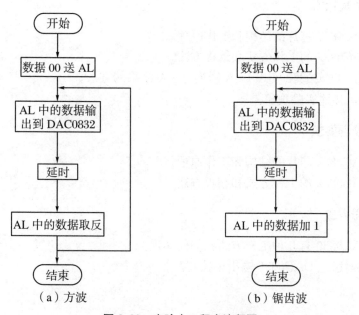

（a）方波　　　　　　　　　　（b）锯齿波

图 2.30 实验十二程序流程图

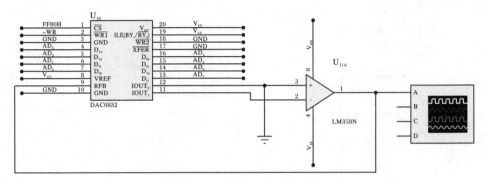

图 2.31　实验十二仿真电路图

2. 硬件实验

① 实验内容：利用 DAC0832 通过 D/A 转换交替产生方波和锯齿波。

② 实验步骤：

A. 将 DAC0832 片选信号 CS_5 插孔和译码输出 FF80H 插孔相连。

B. 运行实验程序。

C. 用示波器测量 DAC0832 左侧 AOUT 插孔（应有方波和锯齿波输出）。

五、实验报告

① DAC0832 芯片的结构和工作原理。

② DAC0832 的工作方式和编程方法。

③ 利用 DAC0832 实现 D/A 转换并观察结果的方法。

④ 作图描述实验现象。

六、预习要求

① DAC0832 芯片的结构和工作原理。

② DAC0832 的工作方式和编程方法。

七、思考题

① DAC0832 有几种工作方式？如何实现？

② 如何通过 DAC0832 输出正弦波？

第三章 自动控制原理实验

一、实验课程简介

"自动控制原理"是自动控制、工业自动化、电气自动化、仪表及测试、机械、动力、冶金等专业的一门重要专业基础课,也是国内各院校相应专业的主干课程。"自动控制原理"课程的理论性较强,因此在学习本课程时开设必要的实验课,对学生加深理解、进一步掌握基本理论和分析方法,分析问题、解决问题能力的培养,以及通过使抽象的概念和理论形象化、具体化,增强学生的学习兴趣有极大的好处。做好本课程的实验是学好本课程的重要教学辅助环节。

二、ZY13001B1 自动控制原理实验箱

ZY13001B1 实验箱主要能完成线性连续系统、非线性系统,以及采样系统方面的六个实验。实验前学生需要做好有关理论计算和分析,而实验步骤通常是原则性的;实验中可能碰到的主要问题则列在思考题内以引起学生的注意;在完成实验后,需写出详细的实验报告,包括实验方法、实验过程及结果、心得体会等。

三、Simulink 操作简介

1. Simulink 的启动

在 Matlab 的桌面环境中单击工具按钮或在命令窗口中输入 Simulink 指令启动 Simulink 软件。Simulink 启动后首先出现的是 Simulink 库浏览器(Simulink Library Browser),如图 3.1 所示。

2. 电路的建立

① 单击库浏览器上面的新建文件图标。

② 单击库浏览器左栏中的相应模块库左边的"十字",展开该库,单击需要的子库,在左边的模块栏中选择需要的模块,并将其拖动到新建的文件工作区中。

③ 双击某一个模块,设置该模块的属性。

④ 将各模块连接起来。首先将模块窗口中的各个模块的位置进行调整,使需要连接的各个模块之间的级联关系清晰易懂,然后将各个图形连接起来。

3. 仿真

① 设置仿真模块的仿真时间。单击菜单上的 Simulation/Simulation

Parameter,在打开的对话框中设置仿真时间。

② 单击工具栏上的运行按钮开始"运行"仿真程序。

③ 仿真运行结束后,双击打开示波器查看波形。

图 3.1　Simulink 库浏览器

实验一　二阶系统的阶跃响应及稳定性分析

一、实验目的

① 熟习二阶模拟系统的组成。

② 研究二阶系统分别工作在 $\xi=1, 0<\xi<1, \xi>1, \xi=0$ 等几种状态下的阶跃响应。

③ 掌握动态性能指标的测试方法,研究典型系统参数对系统动态性能和稳定性的影响。

二、实验设备

ZY13001B1 自动控制原理实验箱,双踪低频慢扫描示波器,数字万用表。

三、实验原理

典型的二阶系统方块图如图 3.2 所示。

其开环传递函数为

$$G(S)=\frac{K}{S(T_1S+1)}$$

其中,$K=\frac{K_1}{T_0}$为开环增益。

其闭环传递函数为

$$W(S)=\frac{\omega_n^2}{S^2+2\xi\omega_n S+\omega_n^2}$$

其中,

$$\omega_n=\sqrt{\frac{K_1}{T_1 T_0}},\quad \xi=\frac{1}{2}\sqrt{\frac{T_0}{K_1 T_1}}$$

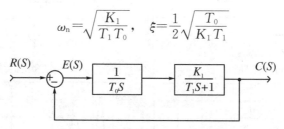

图 3.2 典型的二阶系统方块图

二阶系统的模拟电路如图 3.3 所示。

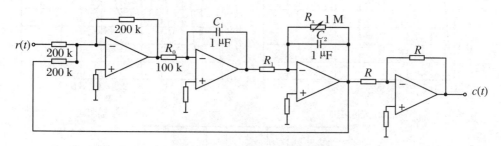

图 3.3 二阶系统的模拟电路图

图 3.3 中,

$$T_0=R_0C_1,\quad T_1=R_xC_2,\quad K_1=\frac{R_x}{R_1}$$

该二阶系统的阶跃响应如图 3.4 所示。图 3.4(a)~(e)分别对应二阶系统在过阻尼($\xi>1$)、临界阻尼($\xi=1$)、欠阻尼($0<\xi<1$)、不等幅阻尼振荡(ξ接近于 0)和零阻尼($\xi=0$)几种状态下的阶跃响应曲线。

改变元件参数 R_x 的大小可研究不同参数特征下的时域响应。当 R_x 为 50 kΩ 时,二阶系统工作在临界阻尼状态;当 $R_x<50$ kΩ 时,二阶系统工作在过阻尼状态;当 $R_x>50$ kΩ 时,二阶系统工作在欠阻尼状态;当 R_x 继续增大时,ξ 趋近零,二阶系统输出表现为不等幅阻尼振荡;当 $\xi=0$ 时,二阶系统的阻尼为零,输出表现为等幅振荡

(因导线均有电阻值,各种损耗总是存在的,系统的实际阻尼比 ξ 不可能为零)。

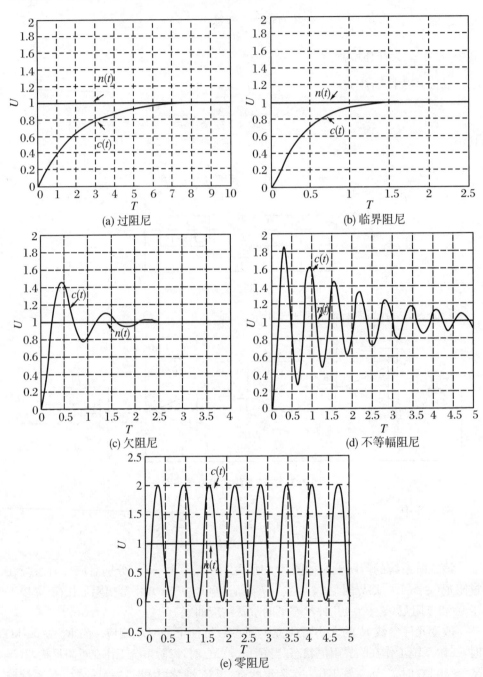

图 3.4 不同阻尼状态下的二阶系统阶跃响应

四、实验内容及步骤

利用实验设备,按照实验原理设计并连由一个积分环节和一个惯性环节组成的二阶闭环系统的模拟电路。此实验可使用运放单元(一)至(五)及元器件单元中的可调电阻。

① 同时按下电源单元中的按键开关 S_{001} 和 S_{002},再按下 S_{003},调节可调电位器 W_{001},使 T_{006}($-12\sim+12$ V)输出电压为 $+1$ V,形成单位阶跃信号电路,然后将 S_{001} 和 S_{002} 再次按下关闭电源。

② 按照图 3.3 连接好电路,按下电路中所用到的运放单元的按键开关。

③ 用导线将连接好的模拟电路的输入端与 T_{006} 相连接,电路的输出端与示波器相连接。

④ 同时按下按键开关 S_{001} 和 S_{002} 时,利用示波器观测该二阶系统模拟电路的阶跃特性曲线,并由实验测出响应的超调量和调节时间,将结果记录下来。

⑤ 调节可调电阻,重复以上步骤,观测系统在过阻尼、临界阻尼和欠阻尼等状态下的阶跃特性曲线,记录各状态下的波形。将图 3.3 中的电阻 R_1 短接,使 $R_1=0$,同时再调节电阻 R_x,使系统在该环节获得适当的比例系数和时间常数,以使系统进入稳定的等幅振荡状态。

⑥ 改变该二阶系统模拟电路的参数,重复以上步骤,观测参数变化对系统动态性能的影响。

⑦ 分析实验结果,完成实验报告。

五、实验报告

① 画出二阶系统的模拟电路图,并求出参数 ξ 和 ω_n 的表达式。
② 求出不同 ξ 和 ω_n 条件下测量的 M_p 和 t_s 值,观察测量结果,得出相应结论。
③ 画出二阶系统的响应曲线,由 M_p 和 t_s 值计算出系统的传递函数,并与由模拟电路计算出的传递函数相比较。

六、预习要求

① 画出二阶系统的模拟电路图,并理论计算出参数 ξ 和 ω_n 的表达式。
② 计算出不同 ξ 和 ω_n 条件下的超调量 M_p 和调节时间 t_s 值,然后将计算结果与实验观测结果相比较,并得出相应结论。
③ 画出二阶系统的响应曲线,并由超调量 M_p 和调节时间 t_s 值计算出系统的传递函数,然后将由模拟电路计算出的传递函数与实验观测得出的传递函数相比较。

④ 预习 Matlab 仿真软件包 Simulink 的用法,并对实验电路进行仿真。

已知典型二阶系统的传递函数为

$$W(S)=\frac{\omega_n^2}{S^2+2\xi\omega_n S+\omega_n^2}$$

其中,当 $W_n=10$,阻尼比 $\xi=0.2$ 时,系统的单位阶跃响应曲线的 Simulink 仿真如图 3.5 所示。

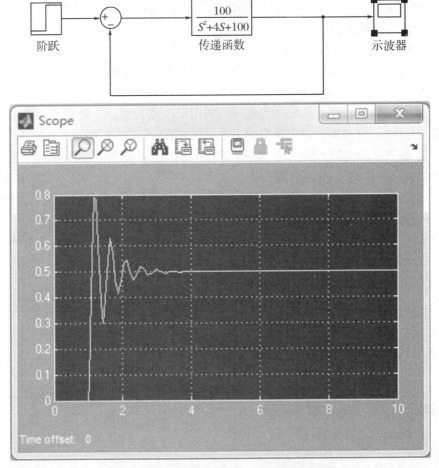

图 3.5 二阶系统的单位阶跃响应曲线仿真图

七、思考题

① 在实验中,如果阶跃输入信号的幅值过大,会产生什么后果?

② 在实验线路中,如何确保系统实现负反馈?如果反馈回路中有偶数个运算放大器,构成什么反馈?

实验二 PID 控制器的动态性能

一、实验目的

① 掌握构成典型线性环节的模拟电路。
② 研究阻、容参数对典型线性环节阶跃响应的影响。
③ 掌握典型线性环节阶跃响应的测量方法,并学会由阶跃响应曲线计算典型环节的传递函数。

二、实验设备

ZY13001B1 自动控制原理实验箱,双踪低频慢扫描示波器,数字万用表。

三、实验原理

1. 比例环节

比例环节的方块图、阶跃响应图及模拟电路图分别如图 3.6、图 3.7 和图 3.8 所示。

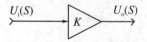

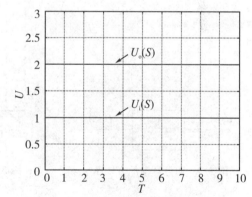

图 3.6 比例环节的方块图 图 3.7 比例环节的阶跃响应图

比例环节的传递函数为

$$\frac{U_o(S)}{U_i(S)} = K$$

其中,$K = \dfrac{R_2}{R_1 + R_0}$,实验参数取 $R_2 = 200 \text{ k}\Omega$,$R_1 = 100 \text{ k}\Omega$,$R_0 = 100 \text{ k}\Omega$,$R = 10 \text{ k}\Omega$ 或 $100 \text{ k}\Omega$。

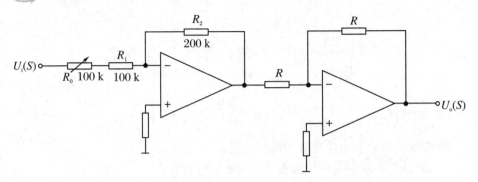

图 3.8　比例环节的模拟电路图

2. 积分环节

积分环节的传递函数为

$$\frac{U_o(S)}{U_i(S)} = \frac{1}{TS}$$

积分环节的方块图、阶跃响应图及模拟电路图分别如图 3.9、图 3.10 和图 3.11 所示。其中，$T = (R_0 + R_1)C_1$，实验参数取 $R_0 = 100\ \text{k}\Omega$（可调），$R_1 = 100\ \text{k}\Omega$，$C_1 = 1\ \mu\text{F}$，$R = 10\ \text{k}\Omega$ 或 $100\ \text{k}\Omega$。

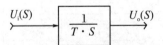

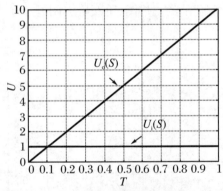

图 3.9　积分环节的方块图　　　　图 3.10　积分环节的阶跃响应图

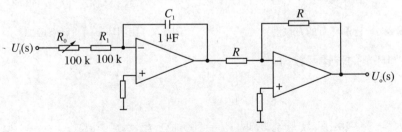

图 3.11　积分环节的模拟电路图

3. 比例积分环节

比例积分环节的传递函数为

$$\frac{U_o(S)}{U_i(S)} = K + \frac{1}{TS}$$

比例积分环节的方块图、阶跃响应图及模拟电路图分别如图 3.12、图 3.13 和图 3.14 所示。其中，$K = \frac{R_2}{R_0 + R_1}$，$T = (R_0 + R_1)C_1$，实验参数取 $R_0 = 100 \text{ k}\Omega$（可调），$R_1 = 100 \text{ k}\Omega$，$R_2 = 200 \text{ k}\Omega$，$C_1 = 1 \text{ μF}$，$R = 10 \text{ k}\Omega$ 或 $100 \text{ k}\Omega$。

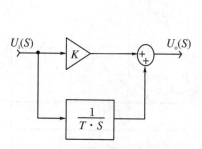

图 3.12　比例积分环节的方块图

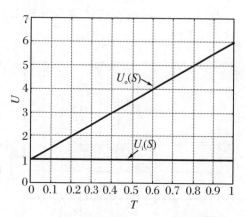

图 3.13　比例积分环节的阶跃响应图

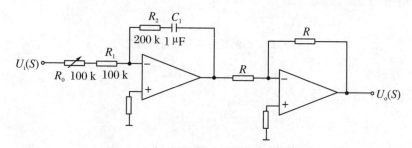

图 3.14　比例积分环节的模拟电路图

4. 比例微分环节

比例微分环节的传递函数为

$$\frac{U_o(S)}{U_i(S)} = K(1 + TS)$$

比例微分环节的方框图、模拟电路图分别如图 3.15、图 3.16 所示。其中，$K = \frac{R_2}{R_1}$，$T = R_1 C_1$，实验参数取 $R_1 = 10 \text{ k}\Omega$，$R_2 = 20 \text{ k}\Omega$，$C_1 = 1 \text{ μF}$。

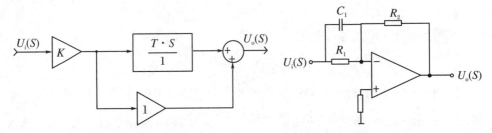

图 3.15 比例微分环节的方块图　　图 3.16 比例微分环节的模拟电路图

理想的和实际的相应比例微分环节的阶跃响应图分别如图 3.17(a)和图 3.17(b)所示。

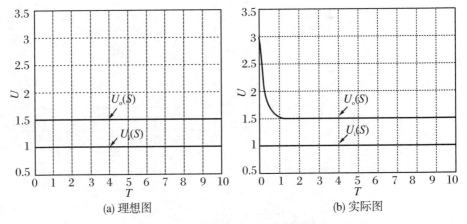

(a) 理想图　　　　　　　　　　(b) 实际图

图 3.17 比例微分环节的阶跃响应图

5. 惯性环节

惯性环节的传递函数为

$$\frac{U_o(S)}{U_i(S)} = \frac{K}{TS+1}$$

惯性环节的方块图、阶跃响应图及模拟电路图分别如图 3.18、图 3.19 和图 3.20 所示。其中，$K = \frac{R_2}{R_0 + R_1}$，$T = R_2 C_1$，实验参数取 $R_0 = 100$ kΩ(可调)，$R_1 = 100$ kΩ，$R_2 = 200$ kΩ，$C_1 = 1$ μF，$R = 10$ kΩ 或 100 kΩ。

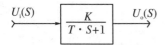

图 3.18 惯性环节的方块图

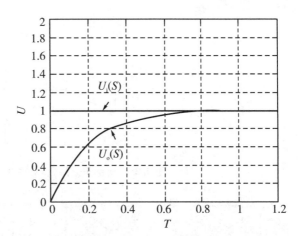

图 3.19 惯性环节的阶跃响应图

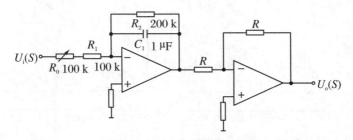

图 3.20 惯性环节的模拟电路图

6. 比例积分微分(PID)环节

比例积分微分环节的传递函数为

$$\frac{U_o(S)}{U_i(S)} = K_p + \frac{1}{T_i S} + T_d S$$

比例积分微分环节的方框图及模拟电路图分别如图 3.21、图 3.22 所示。其中，$K_p = \frac{R_1}{R_0}$，$T_i = (R_1 + R_0)C_1$，$T_d = \frac{R_2 R_3}{(R_1 + R_0)} C_2$，实验参数取 $R_0 = 100$ kΩ（可调），$R_1 = 100$ kΩ，$R_2 = 100$ kΩ，$R_3 = 10$ kΩ，$R_4 = 1$ kΩ，$C_1 = 1$ μF，$C_2 = 10$ μF，$R = 10$ kΩ 或 100 kΩ。

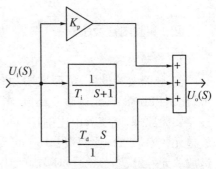

图 3.21 比例积分微分环节的方块图

理想的和实际的相应比例积分微分环节的阶跃响应图分别如图 3.23(a)和图 3.23(b)所示。

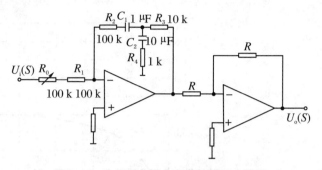

图 3.22 比例积分微分环节的模拟电路图

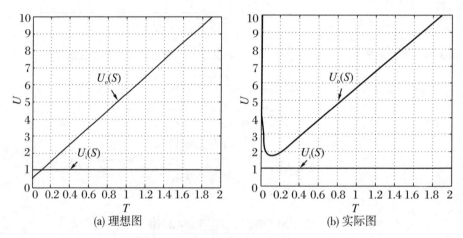

(a) 理想图   (b) 实际图

图 3.23 比例积分微分环节的阶跃响应图

四、实验内容及步骤

1. 实验内容

① 熟习实验设备,按照实验原理设计并连各种典型环节(比例环节、积分环节、比例积分环节、比例微分环节、惯性环节以及比例积分微分环节)的模拟电路。按照实验原理,此实验中比例环节可使用运放单元(一)、(二);积分环节可使用运放单元(一)、(二);比例积分环节可使用运放单元(一)、(二);比例微分环节可使用运放单元(二)、(三);惯性环节可使用运放单元(一)、(二);比例积分微分环节可使用运放单元(三)、(六)及元器件单元。

② 利用实验设备完成各典型环节模拟电路的阶跃特性测试,并研究参数变化对典型环节阶跃特性的影响。

2. 实验步骤

① 同时按下电源单元中的按键开关 S_{001} 和 S_{002},再按下 S_{003},调节可调电位器

W_{001},使 T_{006}(-12~+12 V)输出电压为+1 V,形成单位阶跃信号电路。然后将 S_{001} 和 S_{002} 再次按下关闭电源。

② 按照图 3.8(比例环节)连接好电路,按下电路中所用到运放单元的按键开关。

③ 用导线将连接好的模拟电路的输入端与 T_{006} 相连接,电路的输出端与示波器相连接。

④ 同时按下按键开关 S_{001} 和 S_{002} 时,用示波器观测输出端的阶跃响应曲线并将结果记录下来(开闭按键开关 S_{001} 和 S_{002} 可以重复该实验及以后所有的实验)。

⑤ 分别按照图 3.11(积分环节)、图 3.14(比例积分环节)、图 3.16(比例微分环节)、图 3.20(惯性环节)、图 3.22(比例积分微分环节)连接电路图,重复步骤②~④。

⑥ 分析实验结果,完成实验报告。

五、实验报告

① 画出惯性环节、积分环节、比例微分环节的模拟电路图及响应曲线。

② 由阶跃响应曲线计算出惯性环节、积分环节的传递函数,并与由电路计算的结果相比较,分析其差别。

六、预习要求

① 画出惯性环节、积分环节、比例微分环节的模拟电路图及响应曲线。

② 由阶跃响应曲线计算惯性环节、积分环节的传递函数,然后将电路计算的结果与实验观测结果相比较,分析其差别。

③ 预习 Matlab 仿真软件包 Simulink 的使用方法,对实验电路进行仿真。

惯性环节的传递函数为

$$\frac{U_o(S)}{U_i(S)} = \frac{1}{0.1S+1}$$

惯性环节的单位阶跃响应的 Simulink 仿真图如图 3.24 所示。

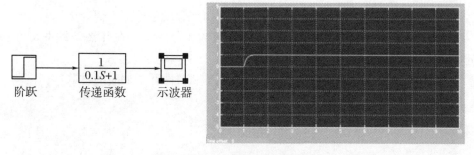

图 3.24 惯性环节的单位阶跃响应的 Simulink 仿真图

积分环节的传递函数为

$$\frac{U_o(s)}{U_i(s)} = \frac{1}{0.2S}$$

积分环节的单位阶跃响应的 Simulink 仿真图如图 3.25 所示。

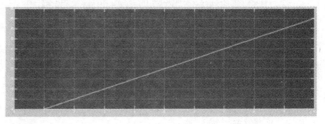

图 3.25　积分环节的单位阶跃响应的 Simulink 仿真图

比例积分微分环节的传递函数为

$$\frac{U_o(S)}{U_i(S)} = 1 + \frac{1}{0.2S} + 5S$$

比例积分微分环节的单位阶跃响应的 Simulink 仿真如图 3.26 所示。

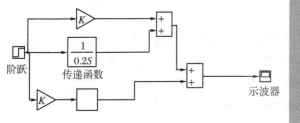
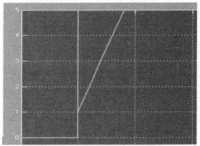

图 3.26　比例积分微分环节的单位阶跃响应的 Simulink 仿真图

七、思考题

① 运放模拟典型环节的传递函数是在哪两个假设条件下近似导出的？

② 在什么条件下惯性环节可以近似地视为积分环节？在什么条件下又可以近似地视为比例环节？

③ 如何根据阶跃响应的波形确定积分环节和惯性环节的时间常数？

实验三　典型环节频率特性的测试

一、实验目的

① 掌握测量典型环节(或系统)频率特性曲线的方法和技能。
② 掌握用李萨如图形法,测量各典型环节(或系统)的频率特性。
③ 掌握根据实验所得频率特性曲线求取传递函数的方法。

二、实验设备

ZY13001B1 自动控制原理实验箱,双踪低频慢扫描示波器,数字万用表。

三、实验原理

对于稳定的线性定常态系统或典型环节,当其输入端加入一正弦信号 $X(t) = X_\mathrm{m}\sin\omega t$,它的稳态输出是一与输入信号同频率的正弦信号,但其幅值和相位将随着频率 ω 的变化而变化,即输出信号为

$$Y(t) = Y_\mathrm{m}\sin(\omega t + \varphi) = X_\mathrm{m}|G(j\omega)|\sin(\omega t + \varphi)$$

其中,

$$|G(j\omega)| = \frac{Y_\mathrm{m}}{X_\mathrm{m}}, \quad \varphi(j\omega) = \arg G(j\omega)$$

只要改变输入信号 $X(t)$ 的频率 ω 就可测得输出信号与输入信号的幅值比 $|G(j\omega)|$ 和它们的相位差 $\varphi(\omega) = \arg G(j\omega)$。不断改变 $X(t)$ 的频率就可测得被测环节(系统)的幅频特性 $|G(j\omega)|$ 和相频特性 $\varphi(\omega)$。

本实验采用李萨如图形法,图3.27为本实验测试所用的方框图。

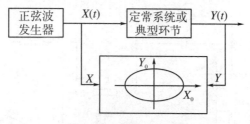

图 3.27　实验三方框图

在表3.1中列出了超前与滞后时相位的计算方式和光点的转向。表中 $2Y_0$ 为椭圆与 Y 轴两个交点之间的长度,$2X_0$ 为椭圆与 X 轴两个交点之间的长度。X_m 和

Y_m 分别为 $X(t)$ 和 $Y(t)$ 的幅值。

表 3.1 相位的计算方式和光点的转向

相角 φ	超 前		滞 后	
	$0°\sim 90°$	$90°\sim 180°$	$0°\sim 90°$	$90°\sim 180°$
图形				
计算公式	$\varphi = \sin^{-1}\dfrac{2Y_0}{2Y_m}$ $= \sin^{-1}\dfrac{2X_0}{2X_m}$	$\varphi = 180° - \sin^{-1}\dfrac{2Y_0}{2Y_m}$ $= 180° - \sin^{-1}\dfrac{2X_0}{2X_m}$	$\varphi = \sin^{-1}\dfrac{2Y_0}{2Y_m}$ $= \sin^{-1}\dfrac{2X_0}{2X_m}$	$\varphi = 180° - \sin^{-1}\dfrac{2Y_0}{2Y_m}$ $= 180° - \sin^{-1}\dfrac{2X_0}{2X_m}$
光点转向	顺时针	顺时针	逆时针	逆时针

1. 惯性环节的频率特性的测试

一阶惯性环节传递函数为

$$G(S) = \frac{K}{TS+1}$$

其中,$K=R_2/R_1$,$T=R_2 \times C_1$,其模拟电路设计参阅图 3.28。

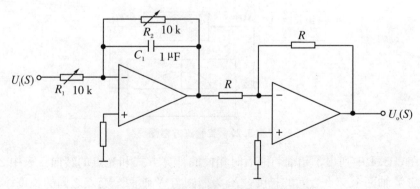

图 3.28 惯性环节模拟电路设计参阅图

测量时示波器的 X 轴停止扫描,置于 X-Y 显示模式。把信号源的正弦波信号同时送到被测环节的输入端和示波器的 X 轴,被测环节的输出送到示波器的 Y 轴,接线如图 3.29 所示。

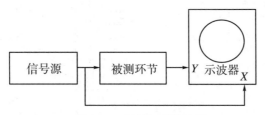

图 3.29　惯性环节接线图

若信号源输出一个正弦信号,则在示波器的屏幕上呈现一个李萨如图形——椭圆。据此可测得在该输入信号频率下的相位值 $\varphi = \sin^{-1}\dfrac{2Y_0}{2Y_m}$。不断改变信号源输出信号的频率就可得到一系列响应的相位值,记下不同 ω 下的 Y_0 和 Y_m 值,并填入表 3.2 中。

幅频特性的测试按图 3.30 接线,测量时示波器的 X 轴停止扫描,在示波器(或万用表的交流电压挡)上分别读出输入和输出信号的双倍幅值,即 $2X_m = 2Y_{2m}$,$2Y_m = 2Y_{1m}$,就可求得对应的幅频值 $|G(j\omega)| = \dfrac{2Y_{1m}}{2Y_{2m}}$,记下 $\dfrac{2Y_{1m}}{2Y_{2m}}$,$20\lg\dfrac{2Y_{1m}}{2Y_{2m}}$ 和频率 ω 的值并填入表 3.3 中。按照图 3.29 和图 3.30 的接线图,分别观察李萨如图形,得出相关的数据,测出二阶系统的开环相频特性和开环幅频特性。

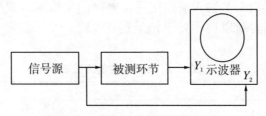

图 3.30　幅频特性的测试接线图

2. 二阶系统开环频率特性的测试

待测的开环传递函数为

$$G(S) = \dfrac{K}{(T_1 S + 1)(T_2 S + 1)}$$

其中,$T_1 = R_1 \times C_1$,$T_2 = R_3 \times C_2$,$K = (R_3 \times R_1)/(R_2 \times R_0)$。图 3.31 为其模拟电路图。

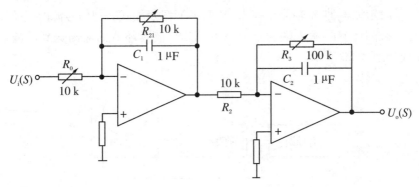

图 3.31 二阶系统模拟电路图

四、实验内容及步骤

1. 惯性环节系统测试

利用实验设备,按照实验原理连接各环节的模拟电路图。按照接线图测试各系统的相关数据并分别填入表中。惯性环节可使用运放单元(一)、(二);二阶开环系统可使用运放单元(六)、(七)。

① 同时按下电源单元中的按键开关 S_{001} 和 S_{002},并按下信号源单元的按键开关 S_{1001}。用示波器测试 TP_{1001} 测试钩处的波形。将正弦波的频率调节为 50 Hz。

② 按照图 3.28 连接好电路,按下电路中所用到的运放单元的按键开关。

③ 用导线将连接好的模拟电路的输入端与正弦波的输出端 OUT_{1001} 相连接。

④ 将示波器置于 X-Y 测试挡,示波器的 X 输入端连接正弦波的输入端 TP_{1001} 处(或 TP_{1002} 处),Y 输入端连接所接电路的输出端。观察示波器所显示的李萨如图形,并将实验原理中要求记录的 $Y_0, Y_m, 2Y_{1m}, 2Y_{2m}$ 等数据填入表 3.2 和表 3.3 中。

表 3.2 相频特性的测试表

ω	
Y_0	
Y_m	
φ	

表 3.3 幅频特性的测试表

ω	
$2Y_{1m}$	
$2Y_{2m}$	
$2Y_{1m}/(2Y_{2m})$	
$20\lg(2Y_{1m}/(2Y_{2m}))$	

⑤ 利用实验数据分别画出 $20\lg |G(j\omega)|$-ω 幅频特性曲线和 $\varphi(\omega)$-ω 相频特性曲线。

2. 二阶开环系统测试

利用实验设备,按照实验原理连接二阶开环系统的模拟电路图。按照接线图,重复上述步骤①~④,将记录的二阶开环系统的相关数据填入表中,并分别画出其幅频特性曲线和相频特性曲线。

3. 完成实验

分析实验结果,完成实验报告。

五、实验报告

① 画出被测系统的模拟电路图,计算其传递函数。
② 采用李萨如图形法测量各系统的相关参数,并画出该系统的幅频特性和相频特性图。
③ 分析比较所测结果与模拟电路图计算结果的差距。

六、预习要求

① 画出被测系统的模拟电路图,计算其传递函数。
② 由模拟电路图计算出各系统的相关参数,并理论计算出系统的幅频特性和相频特性。
③ 根据 Matlab 仿真程序对实验内容中的电路进行仿真。

一阶惯性环节传递函数为 $G(S) = \dfrac{1}{0.01S+1}$,当输入幅值为 1 时,频率为 10 rad/s 的正弦信号的 Simulink 仿真结果如图 3.32 所示。

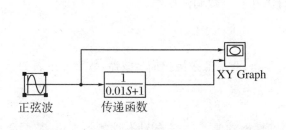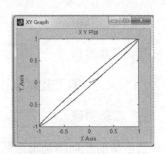

图 3.32 惯性环节的李萨如图

二阶系统开环传递函数为

$$G(S) = \dfrac{1}{(0.01S+1) \times (0.1S+1)}$$

当输入幅值为 1 时,频率为 10 rad/s 的正弦信号的 Simulink 仿真结果如图 3.33 所示。

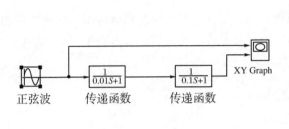 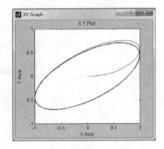

图 3.33 二阶系统的李萨如图

七、实验思考题

① 在测试相频特性时,若把信号源的正弦信号送到示波器的 Y 轴,而把被测系统的输出送到示波器的 X 轴,试问这种情况下如何根据椭圆旋转的光点方向来确定相位的超前和滞后?

② 如何测量系统内部某个环节的频率特性?

实验四　控制系统的动态校正

一、实验目的

① 熟习串联校正装置对线性系统稳定性和动态特性的影响。
② 掌握串联校正装置的设计方法和参数调试技术。

二、实验设备

ZY13001B1 自动控制原理实验箱,双踪低频慢扫描示波器,数字万用表。

三、实验原理

当系统的开环增益满足其稳态性能的要求时,它的动态性能不理想,甚至会不稳定。为此需在系统中串联一校正装置,既使系统的开环增益不变,又使系统的动态性能满足要求。

二阶系统的开环传递函数为

$$W(S) = \frac{\omega_n^2}{S(S+2\xi\omega_n)} = \frac{\frac{\omega_n^2}{2\xi\omega_n}}{S\left(\frac{S}{2\xi\omega_n}+1\right)} \quad (3.1)$$

其系统方块图如图 3.34 所示。

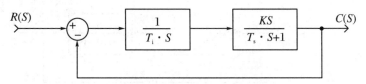

图 3.34 控制系统的方块图

其开环传递函数为

$$W(S) = \frac{K_1}{\tau S(TS+1)} = \frac{K}{S(TS+1)} \quad (3.2)$$

式中, $K = \frac{K_1}{\tau}$, 比较式(3.1)和式(3.2)得

$$T = \frac{1}{2\xi\omega_n} \quad (3.3)$$

$$\frac{K_1}{\tau} = \frac{\omega_n^2}{2\xi\omega_n} = \frac{\omega_n}{2\xi} \quad (3.4)$$

若要求 $\xi = \frac{\sqrt{2}}{2}$, 则

$$T = \frac{\sqrt{2}}{2\omega_n} = \frac{1}{\sqrt{2}\omega_n}, \quad \frac{K_1}{\tau} = \frac{\sqrt{2}\omega_n}{2} = \frac{\omega_n}{\sqrt{2}} = \frac{1}{2T}$$

当 $\xi = \frac{\sqrt{2}}{2}$ 时,二阶系统标准形式的闭环传递函数为

$$W(S) = \frac{\omega_n^2}{S^2 + \sqrt{2}\omega_n S + \omega_n^2}$$

将 $\omega_n = \frac{\sqrt{2}}{2T}$ 代入上式可得

$$W(S) = \frac{1}{2T^2 S^2 + 2TS + 1}$$

上式即为二阶系统的最优闭环传递函数。

1. 未加校正二阶闭环系统

未加校正二阶闭环系统的方块图和模拟电路,分别如图 3.35 和图 3.36 所示。

未加校正二阶闭环系统的开环传递函数为

$$G(S)H(S) = \frac{5}{0.2S(0.5S+1)}$$

其闭环传递函数为

$$W(S) = \frac{50}{S^2 + 2S + 50}$$

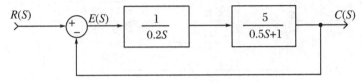

图 3.35 未加校正二阶闭环系统的方块图

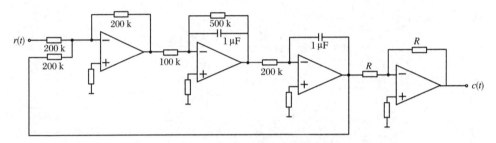

图 3.36 未加校正二阶闭环系统的模拟电路图

该二阶系统的阶跃响应曲线如图 3.37 所示。动态指标为 $M_p = 63\%$，$t_s = 4$ s；开环增益（静态误差）系数为 $K_v = 25$ s^{-1}。

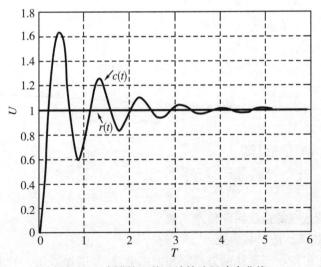

图 3.37 串联校正前系统的阶跃响应曲线

2. 加校正装置系统

要求加串联校正装置后系统满足以下性能指标：

① 超调量 $M_p \leqslant 20\%$。

② 调节时间（过渡过程时间）$t_s \leqslant 1$ s。

③ 校正后系统开环增益 $K_v \geqslant 25$ s^{-1}。

根据对校正后系统的要求，可以计算出所期望的系统开环传递函数

$$G(S)H(S) = \frac{1}{0.2S(0.1S+1)}$$

理论上可证明，该二阶系统的阻尼比 $\xi = \frac{\sqrt{2}}{2} = 0.707$，对阶跃响应的超调量 $M_p = 4.3\%$，调节时间为 0.8 s，相位裕度 $\gamma = 63°$。

3. 串联校正装置设计

用期望的系统开环传递函数除以未加校正的二阶闭环系统开环传递函数可以得到串联校正装置的传递函数

$$G_c(S) = \frac{0.5S+1}{0.1S+1}$$

由串联校正装置的传递函数可以设计其模拟电路。图 3.38 给出了已加串联校正装置的系统模拟电路图。

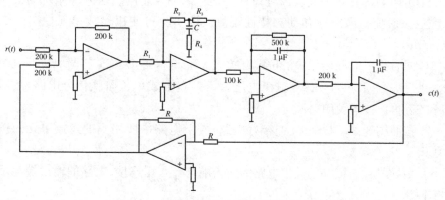

图 3.38 已加串联校正装置的模拟电路图

串联校正装置电路参数设置取 $R_1 = 500$ kΩ，$R_2 = R_3 = 100$ kΩ，$R_4 = 10$ kΩ，$C = 10$ μF。

校正后系统的阶跃响应曲线如图 3.39 所示。

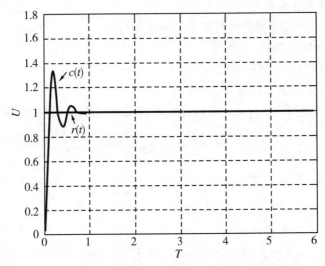

图 3.39 串联校正后系统的阶跃响应曲线

四、实验内容及步骤

1. 未加校正的二阶闭环系统实验

利用实验设备,按照实验原理设计并连一未加校正的二阶闭环系统的模拟电路,完成该系统的稳定性和动态特性观测。该实验可使用运放单元(一)、(二)、(三)、(五)。

① 同时按下电源单元中的按键开关 S_{001} 和 S_{002},再按下 S_{003},调节可调电位器 W_{001},使 T_{006}($-12\sim+12$ V)输出电压为 $+1$ V,形成单位阶跃信号电路,然后将 S_{001} 和 S_{002} 再次按下关闭电源。

② 按照图 3.36(未校正)连接好电路,按下电路中所用到的运放单元的按键开关。

③ 用导线将连接好的模拟电路的输入端与 T_{006} 相连接,电路的输出端与示波器相连接。

④ 同时按下按键开关 S_{001} 和 S_{002},用示波器观测输出端的阶跃响应曲线,并将结果波形记录下来。

2. 设计串联校正装置

利用超调量及调节时间,按动态要求设计串联校正装置传递函数和模拟电路。

3. 加串联校正的二阶封闭系统实验

利用实验设备,按照实验内容设计并连一加串联校正后的二阶闭环系统的模拟电路,完成该系统的稳定性和动态特性观测。该实验可使用运放单元(一)、(二)、(三)、(五)、(六)及元器件单元中的电阻、电容。

① 同时按下电源单元中的按键开关 S_{001} 和 S_{002},再按下 S_{003},调节可调电位器 W_{001},使 T_{006}(-12~+12 V)输出电压为+1 V,形成单位阶跃信号电路,然后将 S_{001} 和 S_{002} 再次按下关闭电源。

② 按照图 3.38(校正后)连接好电路,按下电路中所用到的运放单元的按键开关。

③ 用导线将连接好的模拟电路的输入端与 T_{006} 相连接,电路的输出端与示波器相连接。

④ 同时按下按键开关 S_{001} 和 S_{002},用示波器观测输出端的阶跃响应曲线,并将结果波形记录下来。

⑤ 改变串联校正装置的参数,对加校正后的二阶闭环系统进行调试,使其性能指标满足预定要求。

4. 完成实验

分析实验结果,完成实验报告。

五、实验报告

① 画出未加校正系统的模拟电路图、系统结构图,并观察该系统的阶跃响应曲线。

② 根据参考标准计算出校正前后的 σ 和 t_s。

③ 根据计算出的 σ 和 t_s 计算出校正后系统的模拟电路图,并观察其阶跃响应曲线。

④ 绘制校正前后的阶跃响应曲线图,并分析校正结果。

六、预习要求

① 画出未加校正的系统模拟电路图、系统结构图,并观察该系统的阶跃响应曲线。

② 根据参考标准计算校正前后的超调量 σ 和调节时间 t_s。

③ 根据计算出的超调量 σ 和调节时间 t_s 计算出校正后系统的模拟电路图,并观察其阶跃响应曲线。

④ 绘制校正前后的阶跃响应曲线图,并从理论上分析校正结果。

⑤ 根据 Matlab 仿真程序对实验内容中的电路进行仿真。校正前后的电路仿真图分别如图 3.40 和图 3.41 所示。

校正后的仿真图如图 3.41 所示。

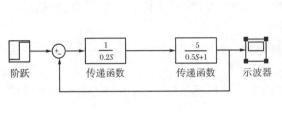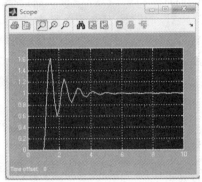

图 3.40 校正前的电路仿真图

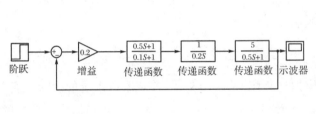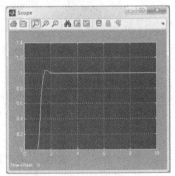

图 3.41 校正后的电路仿真图

七、思考题

① 除超前校正装置外,还有什么类型的校正装置？它们的特点是什么？有什么不同之处？如何选用校正装置？

② 在本实验中,若 $G_c(S) = \dfrac{0.5S+1}{0.05S+1}$,能否计算出校正后系统的 ω_n 和 ξ？

实验五　信号的采样与恢复

一、实验目的

① 掌握电信号的采样与恢复的实验电路。

② 理解并掌握采样过程和采样定理。

二、实验设备

ZY13001B1 自动控制原理实验箱，双踪低频慢扫描示波器，数字万用表。

三、实验原理

1. 信号的采样

采样器的作用是把连续信号变为脉冲或数字序列。图 3.42 给出了一个连续信号 $f(t)$ 经采样器采样后变成离散信号的过程。

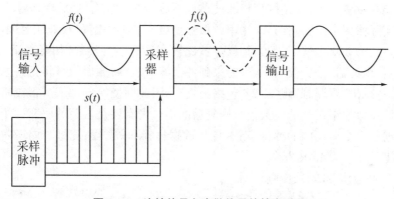

图 3.42　连续信号向离散信号的转变过程

图 3.42 中 $f(t)$ 为被采样的连续信号，$s(t)$ 为周期性窄脉冲信号，$f_s(t)$ 为采样后的离散信号，它可用下式来表征：

$$f_s(t) = f(t)s(t)$$

经过傅里叶变换后得

$$F_s(j\omega) = \sum_{k=-\infty}^{\infty} a_k F(j(\omega + k\omega_s))$$

式中，$a_k(k=0,1,2,\cdots)$，ω_s 为采样角频率。由上式可画出 $f(t)$ 和 $f_s(t)$ 的频谱示意图，如图 3.43 所示。由该图可知，相邻两个频谱不相重叠交叉的条件为 $\omega_s \geqslant 2\omega_{\max}$ 或 $f_s \geqslant 2f_B$。

香农采样定理表示，采样角频率 ω_s（或采样频率 f_s）若能满足上述频率不相重叠交叉的条件，则采样后的离散信号 $f_s(t)$ 就会有连续信号 $f(t)$ 的全部信息。如把 $f_s(t)$ 信号送至具有如图 3.44 所示特性的理想滤波器输入端，则其输出端的输出信号就能恢复到原有的连续信号 $f(t)$。

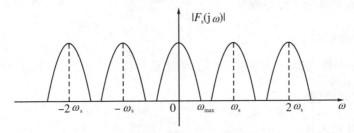

图 3.43 采样频谱示意图

反之,若采样角频率 ω_s 不满足上述频率不相重叠交叉的条件,则图所示的频谱就会相互重叠交叉,即使用理想滤波器也不可能获得原有的 $f(t)$ 信号。

在实际使用中,仅包含有限频率的信号是极少的。根据香农采样定理,一周期内抽样点数为 2 就足够了,但当抽样点数比较小且又不为整数(如略大于 2)时,一般的仪器(示波器、分析仪等)如不能采到各个波的波峰,输出信号将把各采样点直接连接,呈现出"假调制"现象,即"包络失真"。因此即使 $f_s = 2f_B$(很难将一周期内的抽样点数控制在 2 的整数倍),恢复后的信号失真还是难免的。有一个解决的方法是增加每个周期内的抽样点数,现代数据抽样(采集)系统每个周期内一般采 4~10 点,可大大降低其失真。

图 3.45 为信号的采样电路图。

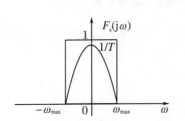

图3.44 采样电路理想滤波器特性图

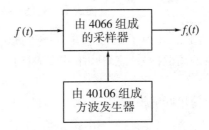

图 3.45 采样电路图

2. 信号的恢复

为了实现对被检对象的有效控制,必须把所有的离散信号恢复为响应的连续信号。工程上常用的低通滤波器是零阶保持器,它的传递函数为

$$G_h(S) = \frac{1 - e^{-TS}}{S}$$

或近似地表示为

$$G_h(S) = \frac{T}{1 + TS}$$

式中,T 为采样周期。该式可近似地用图 3.46 所示的 $R\text{-}C$ 网络来实现。

四、实验内容及步骤

① 同时按下电源单元中的按键开关 S_{001} 和 S_{002},按下信号源单元的按键开关 S_{1001},调节频率旋钮 W_{1001} 改变正弦信号的频率,调节幅度旋钮 W_{1002} 改变正弦信号的幅度。选取连续时间信号 $f(t)$ 的频率为 100~200 Hz,幅值在 3 V 左右(峰峰值约为 6 V)。

② 连接正弦波信号输出 OUT_{1001} 到信号采样与恢复单元输入端 IN_{1401},打开信号采样与恢复单元按键开关 S_{1401},观察 TP_{1401} 处的波形。

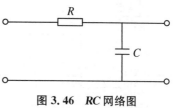

图 3.46 *RC* 网络图

③ 调节频率调节旋钮 W_{1401},观察 TP_{1402} 处采样脉冲信号 $s(t)$ 及 TP_{1403} 处反相脉冲信号。

④ 用示波器观察 TP_{1404} 处采样后的正弦波信号 $f_s(t)$。

⑤ 用示波器观察 TP_{1405} 处采样恢复后的正弦波信号,并与输入信号 $f(t)$ 进行对比。

⑥ 改变不同频率的正弦波和采样频率,使抽样频率 $f_s \geqslant 2f_B$ 或 $f_s < 2f_B$。重复以上的过程,观察各处波形,比较其失真程度。

⑦ 分析实验结果,完成实验报告。

五、实验报告

① 分别绘制出信号 $f(t)$、采样后的信号 $f_s(t)$,以及恢复后的信号波形。

② 比较随着采样频率的变化,采样恢复后信号的变化及其失真程度,写出本实验过程中的分析结果及体会。

六、预习要求

① 分别绘制出信号 $f(t)$、采样后的信号 $f_s(t)$ 以及恢复后的信号波形。

② 从理论上分析随着采样频率的变化,采样恢复后信号的变化及其失真程度,为后续的理论与实验结果比较分析做准备。

③ 预习 Matlab 仿真软件包 Simulink 的用法,并对实验电路进行仿真。

正弦信号的采样及恢复的 Simulink 仿真图如图 3.47 所示,仿真结果如图 3.48 所示(依次显示了原始正弦信号图、信号采样图、信号恢复图和采样信号图)。

七、思考题

① 理想的采样开关与实际的采样开关有何不同?

② 采样香农定理的物理意义是什么？
③ 为什么说零阶保持器不是理想的低通滤波器？

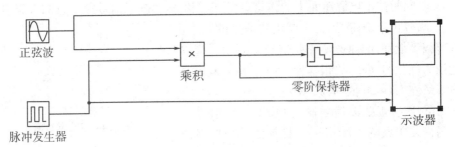

图 3.47　Simulink 仿真图

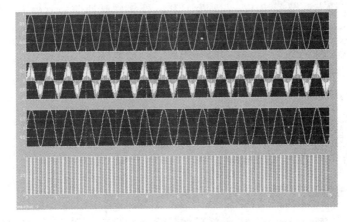

图 3.48　Simulink 仿真结果

实验六　典型非线性环节的电路模拟

一、实验目的

① 掌握典型非线性环节的静态特性。
② 掌握非线性环节的模拟结构。
③ 掌握典型非线性环节的模拟研究方法。

二、实验设备

ZY13001B1 自动控制原理实验箱，双踪低频慢扫描示波器，数字万用表。

三、实验原理

图 3.49 为非线性特性的测量接线图。信号输入的同时接到非线性环节的输入端和示波器的 X 轴,非线性环节的输出接至示波器的 Y 轴。X 轴选择开关置于停止扫描位置,这样示波器上就能显示相应的非线性特性。

在调节输入电压的同时,观察非线性环节输出电压的变化也可以得到相应的非线性特性曲线。

1. 具有继电特性的非线性环节

具有继电特性的非线性环节的静态特性即理想继电特性,如图 3.50 所示。该环节的模拟电路如图 3.51 所示。

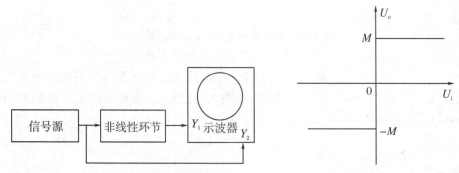

图 3.49 非线性特性的测量接线图　　图 3.50 理想继电特性图

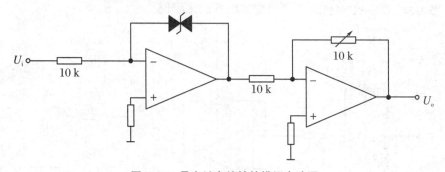

图 3.51 具有继电特性的模拟电路图

继电特性参数 M 由双向稳压管的稳压值与后一级运放放大倍数之积决定。本实验中所用的双向稳压管均为 $+5V$ 的稳压管。

2. 具有饱和特性的非线性环节

具有饱和特性的非线性环节的静态特性即理想饱和特性,如图 3.52 所示。该环节的模拟电路如图 3.53 所示。

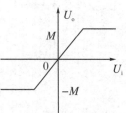

图 3.52 理想饱和特性图

饱和特性饱和值等于双向稳压管的稳压值与后一级运放放大倍数之积,斜率 K 等于两级放大倍数之积。

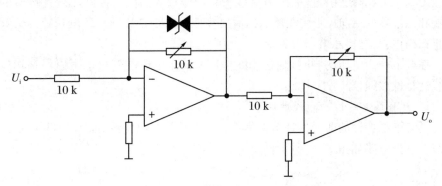

图 3.53　具有饱和特性的模拟电路图

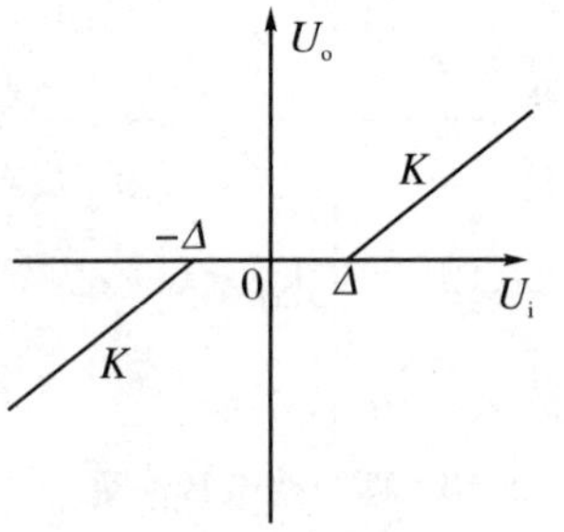

3. 具有死区特性的非线性环节

具有死区特性的非线性环节的静态特性即理想死区特性,如图 3.54 所示。该环节的模拟电路如图 3.55 所示。

图 3.54　理想死区特性图

图 3.55 中,斜率 $K = \dfrac{R_f}{R_0}$;死区 $\Delta = \dfrac{R_2}{24} \times 12 = 0.5 R_2$,式中 R_2 的单位为 kΩ 且 $R_2 = R_1$(实际死区还要考虑二极管的压降值)。

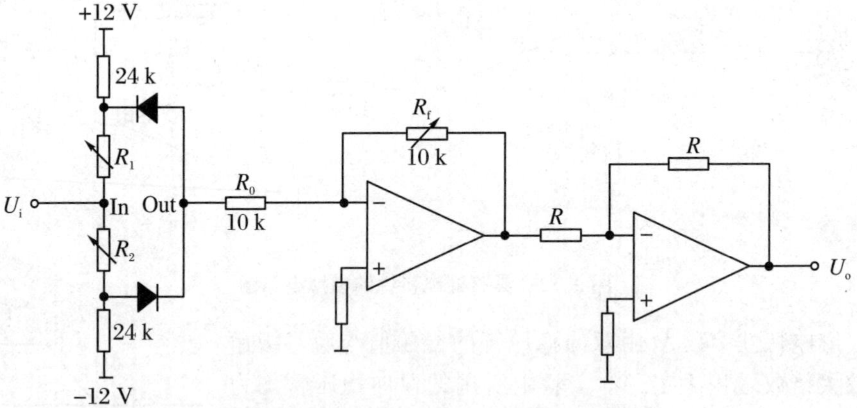

图 3.55　具有理想死区特性的模拟电路图

4. 具有间隙特性的非线性环节

具有间隙特性非线性环节的静态特性即理想间隙特性,如图 3.56 所示。该环节的模拟电路如图 3.57 所示。

图 3.57 中,间隙特性的宽度 $\Delta = \dfrac{R_2}{24} \times 12 = 0.5R_2$,式中 R_2 的单位为 $k\Omega$(实际死区还要考虑二极管的压降值),特性斜率 $\tan\alpha = \dfrac{C_1}{C_f}$,因此改变 R_1 与 R_f 可改变间隙特性的宽度,改变 $\dfrac{C_1}{C_f}$ 可以调节特性斜率。

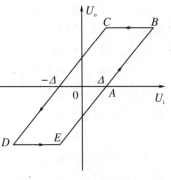

图 3.56 理想间隙特性图

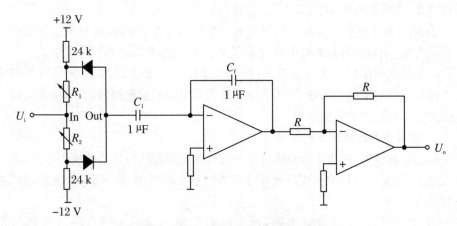

图 3.57 具有理想间隙特性的模拟电路图

四、实验内容及步骤

1. 继电型非线性环节测试

利用实验设备,按照实验原理设计并连继电型非线性环节的模拟电路,调节输入电压,用低频慢扫描示波器完成该环节的静态特性测试。该实验使用非线性环节 1。

① 按照图 3.51 连接好电路,按下电路中所用到的非线性环节 1 的按键开关。

② 用导线将连接好的模拟电路的输入端与电源单元的 T_{006} 相连接,电路的输出端与示波器相连接,将可调电阻 W_{1103} 旋到最大。

③ 同时按下电源单元的按键开关 S_{001} 和 S_{002},再按下 S_{003},调节 W_{001} 改变输入

电压的大小,用示波器观测输出端的电压大小的变化,并将结果记录下来。

该实验也可使用 X-Y 显示模式:将示波器置于 X-Y 测试挡,示波器的 X 输入端连接非线性环节的输入端,Y 输入端连接所接电路的输出端,调节 W_{001} 改变输入电压大小也可得到相同的结果。

2. 饱和型非线性环节测试

利用实验设备,按照实验原理设计并连饱和型非线性环节的模拟电路,调节输入电压,用低频慢扫描示波器完成该环节的静态特性测试。该实验使用非线性环节 2。

① 按照图 3.53 连接好电路,按下电路中所用到的非线性环节 2 的按键开关。

② 用导线将连接好的模拟电路的输入端与 T_{006} 相连接,电路的输出端与示波器相连接,将可调电阻 W_{1203} 和 W_{1204} 均旋到最大。

③ 同时按下电源单元的按键开关 S_{001} 和 S_{002},再按下 S_{003},调节 W_{001} 改变输入电压的大小,用示波器观测输出端的电压大小的变化,并将结果记录下来。

该实验也可使用 X-Y 显示模式:将示波器置于 X-Y 测试挡,示波器的 X 输入端连接非线性环节的输入端,Y 输入端连接所接电路的输出端,调节 W_{001} 改变输入电压大小也可得到相同的结果。

3. 死区型非线性环节测试

利用实验设备,按照实验原理设计并连死区型的非线性环节的模拟电路,调节输入电压,用低频慢扫描示波器完成该环节的静态特性测试。该实验使用非线性环节 3。

① 按照图 3.55 连接好电路,按下电路中所用到的非线性环节 3 的按键开关。

② 用导线将连接好的模拟电路的输入端与 T_{006} 相连接,电路的输出端与示波器相连接,将开关 J_{1301} 拨向上方,可调电阻 W_{1303} 旋到最大。

③ 同时按下电源单元的按键开关 S_{001} 和 S_{002},再按下 S_{003},调节 W_{001} 改变输入电压的大小,用示波器观测输出端的电压大小的变化,并将结果记录下来。

该实验也可使用 X-Y 显示模式:将示波器置于 X-Y 测试挡,示波器的 X 输入端连接非线性环节的输入端,Y 输入端连接所接电路的输出端,调节 W_{001} 改变输入电压大小也可得到相同的结果。

4. 间隙型非线性环节测试

利用实验设备,按照实验原理设计并连间隙型的非线性环节的模拟电路,调节输入电压,用低频慢扫描示波器完成该环节的静态特性测试。该实验使用非线性环节 4。

① 按照图 3.57 连接好电路,按下电路中所用到的非线性环节 4 的按键开关。

② 用导线将连接好的非线性环节的输入端与 T_{006} 相连接。

③ 将示波器置于 X-Y 测试挡,示波器的 X 输入端连接非线性环节的输入端,Y 输入端连接所接非线性环节电路的输出端。

④ 同时按下按键开关 S_{001} 和 S_{002},再按下 S_{003},调节 W_{001} 改变输入电压大小,用示波器观测非线性环节的 I/O,显示并将结果记录下来。

在完成此实验后,需用导线短接 T_{1303} 和 T_{1307},T_{1307} 和 T_{1308},以给电路中的电容放电,从而保证重复实验的正确性。

5. 完成实验

分析实验结果,完成实验报告。

五、实验报告

① 画出各非线性环节的模拟电路图,并对各非线性环节进行理论分析,计算出特性参数。

② 观察实验结果,并画出所记录的各非线性环节的响应曲线。

③ 将实际响应曲线与理论结果进行比较分析。

六、预习要求

① 画出各非线性环节的模拟电路图,对各非线性环节进行理论分析,计算出特性参数。

② 从理论上分析得出非线性环节的响应曲线,为理论分析曲线与实际响应曲线比较分析做准备。

③ 预习 Matlab 仿真软件包 Simulink 的用法,并对实验电路进行仿真。

具有继电特性的非线性环节的 Simulink 仿真及结果如图 3.58 所示。

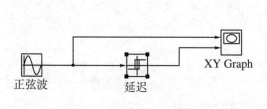
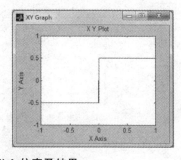

图 3.58　具有继电特性的 Simulink 仿真及结果

具有饱和特性的非线性环节的 Simulink 仿真及结果如图 3.59 所示。

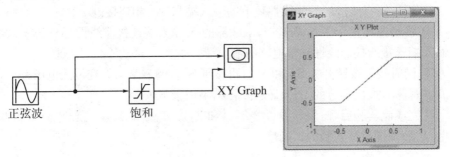

图 3.59　具有饱和特性的 Simulink 仿真及结果

具有死区特性的非线性环节的 Simulink 仿真及结果如图 3.60 所示。

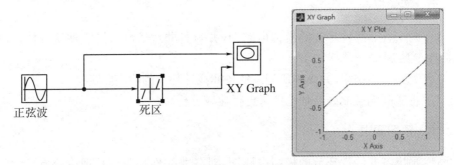

图 3.60　具有死区特性的 Simulink 仿真及结果

具有间隙特性的非线性环节的 Simulink 仿真及结果如图 3.61 所示。

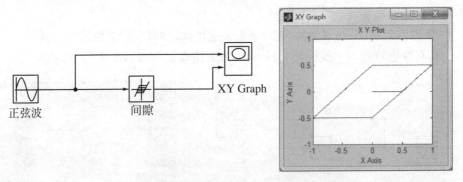

图 3.61　具有间隙特性的 Simulink 仿真及结果

七、思考题

① 试分析各非线性特性参数与线路中元件参数的关系。
② 实际模拟电路特性同理想特性的比较与分析。

第四章 DSP 技术实验

一、实验课程简介

"DSP 技术"是一门应用性和实践性较强的课程,该课程以德州仪器(TI)公司的数字信号处理(DSP)芯片为主要教学内容,介绍芯片的主要特点、最小系统电路和内外设资源等,同时介绍软件开发环境 CCS 2.0(Code Composer Studio 2.0),软件的使用方法以及汇编语言程序的编写和调试。通过完成 DSP 开发环境 CCS 的使用、常用汇编指令练习和中断三个实验,使学生通过理论结合实践,初步掌握 DSP 开发的基本技巧。电子信息技术飞速发展,日新月异,该门课程可以为学生从事更高级别的嵌入式开发工作打下基础。

二、THRS-1 型 DSP 开发系统实验箱

THRS-1 型 DSP 开发系统实验箱是由浙江天煌科技实业有限公司生产制造的,该实验箱采用子板嵌入到母板的方式设计。实验箱包括子板 TMS320C5402 的最小系统以及母板的数码管、按键、中断输入、液晶、矩阵键盘、外部存储和仿真器等资源,具有布局合理、接口丰富及调试方便等特点。

三、CCS 软件操作简介

CCS 是 Code Composer Studio 的缩写,即代码调试器,是 TI 公司推出的集成可视化 DSP 软件开发环境。

CCS 内部集成了以下软件工具:DSP 程序生成工具,包括 C 编译器、优化器、汇编器和连接器;软件项目开发工具,包括代码编辑、项目建立、在线调试、在线数据观察等工具;实时多线程内核 DSP/BIOS,使用 DSP/BIOS 内核能够开发出多线程应用程序;RTDX 组件,在代码中使用 RTDX 可以实现 DSP 程序和 PC 机之间的数据传输。使用 CCS 开发环境可以对软件进行编辑、编译、调试、代码性能测试和项目管理等。

软件仿真操作过程如下:
① 设置软件仿真模式,启动 CCS。
② 新建工程 Project/New,输入 C 或者 .ASM 程序,保存为 .C 或 .ASM 格式,

添加 .C 或 .ASM 程序和 .CMD 文件到 .PJT 工程文件。

③ 编译下载 .OUT 可执行文件。

④ 观察寄存器窗口和程序运行结果窗口。

实验一　DSP 开发环境 CCS 的使用

一、实验目的

① 了解 DSP 开发系统的组成和结构。
② 熟习 DSP 开发系统的连接。
③ 熟习 DSP 的开发软件配置及使用。
④ 熟习 C54X 系列的寻址系统。
⑤ 熟习常用 C54X 系列指令的用法。

二、实验设备

计算机，DSP 仿真器，THRS-1 型实验箱。

三、实验内容

① DSP 实验开发平台的使用。
② CCS 软件配置和使用。

四、实验原理及电路

① 系统连接。进行 DSP 实验之前，必须先连接好仿真器、实验箱及计算机，连接方法如图 4.1 所示。

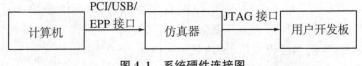

图 4.1　系统硬件连接图

② 上电复位。在硬件安装完成后，确认安装正确、各实验部件及电源连接正常后，接通仿真器电源或启动计算机。此时，仿真盒上的"红色小灯"应点亮，否则 DSP 开发系统与计算机连接有问题。

五、实验步骤

① 双击桌面上的 SDConfig 图标,按图 4.2 中(1)～(3)处进行设置,保存后关闭此界面。

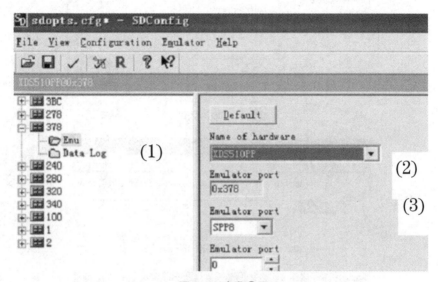

图 4.2　步骤①图

② 双击桌面上的 Setup CCS 2.0 图标,点击(2)处 Install a Device Driver (图 4.3)。

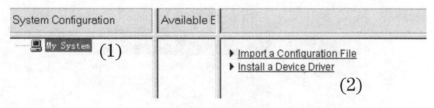

图 4.3　步骤②图

③ 添加文件 sdgo5xx.dvr,在接下来出现的对话框中点击 OK(图 4.4)。

④ 在图 4.5 中双击图标 sdgo5xx。

⑤ 在随后出现的对话框中点击 Next。

⑥ 将下图中的 0x240 改为 0x378,点击 Next(图 4.6)。

⑦ 选中 TMS320C5400,点击 Add Single/Next(图 4.7)。

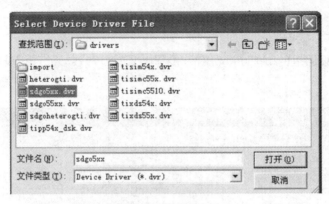

图 4.4　步骤③图

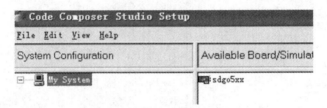

图 4.5　步骤④图

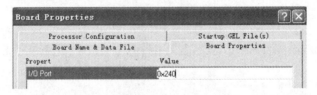

图 4.6　步骤⑥图

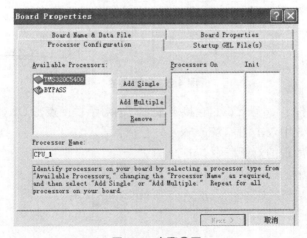

图 4.7　步骤⑦图

⑧ 点击图 4.8 中的(1)处。

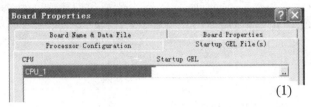

图 4.8 步骤⑧图

⑨ 添加文件 c5402.gel 后点击 Finish(图 4.9)。

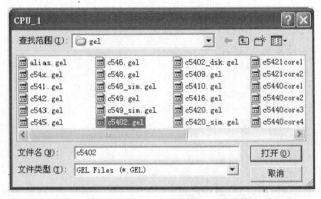

图 4.9 步骤⑨图

⑩ 保存关闭 Setup CCS 2.0。至此,仿真器、实验箱和电脑已连接配置结束。

⑪ 双击桌面上的 CCS 2.0 (C5000)图标开始建立工程。添加文件/进行汇编文件的编译/调试/运行。

A. 点击 Project/New,给所建立的工程起一个名字(如 exam1;图 4.10)。

B. 先编辑文件 example1.asm (图 4.11),文件内容如下:

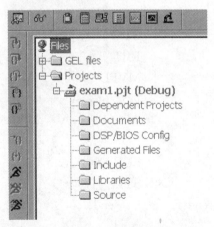

图 4.10 步骤⑪A 图

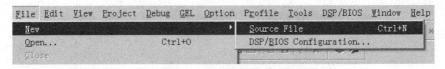

图 4.11　步骤⑪B 图

```
              .title    "p92.asm"
              .mmregs
STACK         .usect    "STACK",10H
              .bss      x,1
              .bss      y,1
              .bss      w,1
              .bss      z,1
              .def      start
              .data
table:        .word     6,7,9
              .text
              rsbx      cpl
              ld        #x,dp
start:        STM       #0,SWWSR
              STM       #STACK+10H,SP
              STM       #x,AR1
              RPT       #2
              MVPD      table,*AR1+
              LD        @x,A
              ADD       @y,A
              LD        A,3
              SUB       @w,A
              STL       A,@z
end:B         end
              .end
```

注意：上行首字 STACK,table,start 和 end 等标号顶格写，其余不能顶格。

C. 保存文件(注意"文件类型"的选择)。

D. 编写配置文件 example1.cmd,并如下保存配置文件：

MEMORY

{
   PAGE 0：
      EPROM：org＝1A00h,len＝100
   PAGE 1：
      SPRAM：org＝0200h,len＝20h
      DARAM：org＝0220h,len＝100h
}
SECTIONS
{
   .text   :＞EPROM   PAGE 0
   .data   :＞EPROM   PAGE 0
   .bss   :＞SPRAM   PAGE 1
   STACK   :＞DARAM   PAGE 1
   }

注意：上述 MEMORY 和 SECTIONS 顶格写。

⑫ 点击右键选择 Add Files to Project 向工程添加文件。将上面的两个文件添加到工程中(图4.12)。

⑬ 编译和运行程序：

A. 选择 Project/Rebuild All 进行编译。

B. 选择 File/Load Program 转载程序。

C. 选择 Debug/Run 运行程序。

D. 选择 View/Memory，将地址改为 0x0060，观察存储器里的内容。

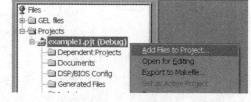

图 4.12　步骤⑫图

E. 选择 View/Registers/CUP Registers，观察 CUP 寄存器中的结果。

六、预习要求

① 了解 CCS 软件的安装和使用步骤，掌握常用软件的操作方法。

② 熟习 CCS 软件仿真的基本操作方法。

③ 认真撰写预习报告，要求条理清晰。

七、思考题

① 为什么在实验的第⑥步需要把 0x240 改为 0x378？

② c5402.gel 文件有何作用?

实验二 常用汇编指令练习

一、实验目的

① 掌握 TMS320VC54 的程序空间的分配。
② 掌握 TMS320VC54 的数据空间的分配。
③ 熟习操作 TMS320VC54 数据空间的指令。

二、实验设备

计算机,DSP 仿真器,THRS-1 型实验箱。

三、实验内容

① 练习常用汇编指令。
② 学习 TMS320VC54 存储空间分配。

四、实验原理及电路

本实验以 TMS320VC5402 为例介绍相关的内容和外部存储器资源。其他类型的 CPU 请参考查阅相关的数据手册。

下面给出 TMS320VC5402 的存储器分配图(图 4.13)。

VC5402 片内有 16 K DARAM 和 4 K ROM,数据空间、I/O 空间最大扩展到 64 K,顺序空间最大扩展到 1 M(注:这里的 K,M 是行业内的一种习惯性说法,实际是 Kbit,Mbit。类似之处不再说明)。片内的 16 K DARAM 既可以映射到程序空间也可以映射到数据空间,由 PMST 状态寄存器的 OVLY 位控制;片内 4 K ROM 既可以映射到程序空间也可以映射到数据空间,由 PMST 状态寄存器的 DROM 位控制。片内 ROM 包括自举加载程序、U 律压扩表、A 律压扩表、正弦函数查找表、中断向量表,具体分配见表 4.1。

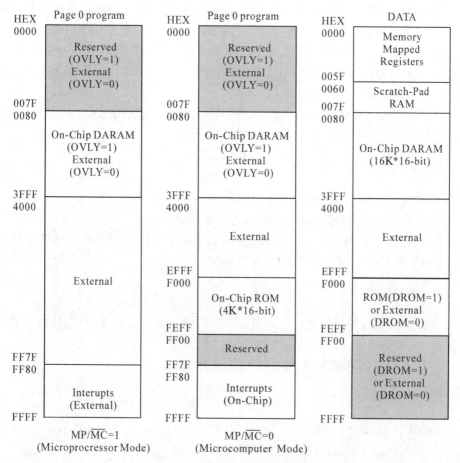

图 4.13 TMS320VC5402 的存储器分配图

表 4.1 ROM 内表的分配

ADDRESS RANGE	DESCRIPTION
F000H-F7FFH	Reserved
F800H-FBFFH	Bootloader
FC00H-FCFFH	U-law expansion table
FD00H-FDFFH	A-law expansion table
FE00H-FEFFH	Sine look-up table
FF00H-FF7FH	Reserved
FF80H-FFFFH	Interrupt vector table

对于数据存储空间而言,映射表相对固定。值得注意的是内部寄存器都映射到数据存储空间内。因此在编程应用时这些特定的空间不能作其他用途。对于程序存储空间而言,映射表和 CPU 的工作模式有关。当 MP/MC 引脚为高电平时,CPU 工作在微处理器模式;当 MP/MC 引脚为低电平时,CPU 工作在微计算机模式。具体的存储器映射关系表如表 4.1 所示。

存储器实验主要帮助用户了解存储器的操作和 DSP 的内部双总线结构,并熟习相关的指令代码和操作等。

五、实验步骤

① 连接好 DSP 开发系统,运行 CCS 软件。

② 在实验一的文件的基础上修改,练习常用命令。

③ 结合单步运行命令(Debug/Setup Into),每运行一步就查看数据存储器 MEMORY 和 CPU 寄存器中的内容变化情况。

六、预习要求

① 复习以前计算机原理和单片机原理学过的汇编语言指令,对比分析二者的不同点。

② 认真撰写预习报告,要求态度认真,条理清晰。

七、思考题

① RAM 和 ROM 各有什么特点和作用?

② 如何设定 TMS320C5402 的工作模式?

实验三 中 断

一、实验目的

① 掌握中断技术及外部中断的处理方法。

② 掌握中断对于程序流程的控制,理解 DSP 的中断响应过程,会分析中断时序。

二、实验设备

计算机,DSP 仿真器,THRS-1 型实验箱。

三、实验内容

① 连接好硬件实验平台。
② 编写实验程序,并在实验平台调试。

四、实验原理及电路

C54X DSP 的中断为低电平沿触发。按 S_6 键产生低电平脉冲,将该脉冲输出给 VC5402 的 T_1 引脚。每按一次,产生一个低电平脉冲。

编写中断程序,用低电平脉冲触发外部中断。每中断一次,D_8 指示灯亮灭变化一次,并由 I/O 口控制 $LED_1 \sim LED_8$(口地址为 0X800aH)变化一次。程序编写图如图 4.14 所示。

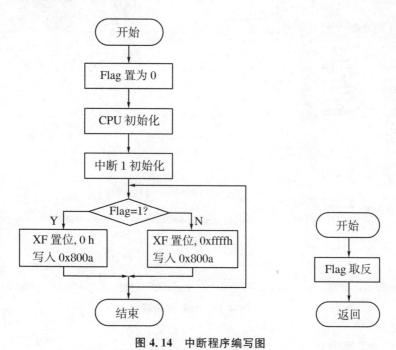

图 4.14 中断程序编写图

五、实验步骤

① 正确完成计算机、DSP仿真器和实验箱的连接后,给系统通电。

② 拨动单脉冲单元开关J_8,将1置ON、2置OFF。

注:有关以上连接说明,可参见使用说明书中的"单脉冲单元跳线说明"。

③ 启动CCS 2.0,在My Project下建立一个新工程(如example)并保存,打开"我的电脑",进入C:\DSP实验箱(图4.15),把DSP54X05目录下的所有文件复制到该工程里,其中exp05.out文件属性原来是"只读"文件,因此需先将exp05.out文件属性中的"只读"前方框中的对号去掉,改为可写;再向工程添加文件exp05.cmd和exp05.c,双击exp05.pjt及Source查看各源程序,同时加载exp05.out;单击Run运行程序,按S_6按键,每按一次,D_8指示灯亮灭变化一次。

④ 单击Halt,关闭各窗口,本实验完毕。

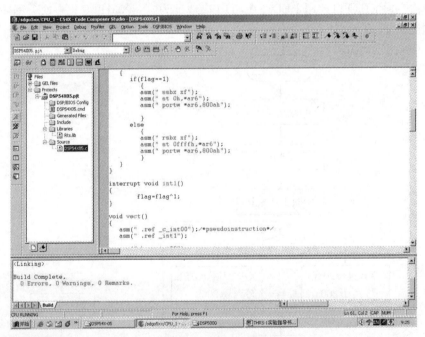

图4.15 DSP实验箱

六、预习要求

① 复习以前学过的课程,如"计算机原理""单片机原理及应用"等,复习中断的相关知识。所谓中断是指CPU正在处理某件事的时候外部发生了某一事件,请求CPU迅速处理,CPU暂时中断当前的工作,转入处理所发生的事件,处理完后

再回到原来被中断的地方,继续原来的工作。

② 列出中断实验过程的一般步骤。

③ 认真撰写预习报告,要求态度认真,条理清晰。

七、思考题

① 变量 Flag 何时变成 1?

② 根据 LED 小灯的亮灭情况,画出 LED 灯的连接电路图。

第五章　FPGA 的应用实验

一、实验课程简介

本课程在学生掌握 Verilog HDL 语言的基础上，以 Altera 公司的 FPGA 芯片实验系统为平台，介绍基于 Quartus Ⅱ 的设计输入方法、功能仿真、综合、实现、编译与编程。通过模块实验，使学生由浅入深地理解 Verilog HDL 语言在组合逻辑电路、时序逻辑电路、数字系统设计方面的应用。

二、FPGA 实验箱介绍

实验所用硬件平台为 GW48-PK2/PK3 系统（FPGA 芯片采用 Altera Cyclone EP1C12Q240C8），用以观察实验现象；软件设计平台为 Quartus Ⅱ 9.1，用以实现程序输入、仿真、综合、编译和下载。

三、Quartus Ⅱ 软件介绍

Quartus Ⅱ 是 Altera 公司的综合性 PLD/FPGA 开发软件，支持原理图、VHDL、Verilog HDL，以及 AHDL（Altera Hardware Description Language）等多种设计输入形式，内嵌自有的综合器以及仿真器，可以完成从设计输入到硬件配置的完整 PLD 设计流程。

实验一　基本组合电路设计

一、实验目的

① 熟习 Quartus Ⅱ 的 Verilog HDL 文本设计流程全过程。
② 掌握简单组合电路和多层次电路的设计、仿真和硬件测试。

二、实验设备

GW48-PK2/PK3 实验箱，Quartus Ⅱ 软件。

三、实验原理

多路选择器(或多路开关)是数据选择器的别称,是指在多路数据传送过程中,能够根据需要将其中任意一路选出来的电路。

此实验用到的是一个二选一的多路选择器。既然是两个选一个,当然有两个输入端数据通道,然后有一个选择控制信号输入通道 s,一个输出通道 y。当 s 端的取值为 0 或 1 时,输出端 y 就分别输出来自输入口 a 或 b 的数据。

由两个二选一的多路选择器可以构成一个四选一的选择器,如图 5.1 所示。

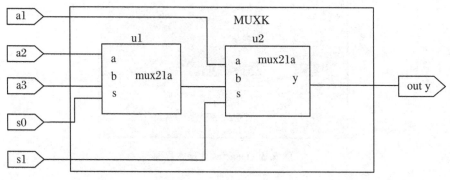

图 5.1　四选一多路选择器

四、实验内容

① 首先利用 Quartus Ⅱ 完成二选一多路选择器的文本(mux21a.v)编辑输入和仿真测试等步骤,给出如图 5.2 所示的仿真波形;其次在实验系统上进行硬件测试,验证本项设计的功能。要求两路信号通过实验箱上的时钟信号输入,在按键的切换下,由扬声器输出不同频率的声音。

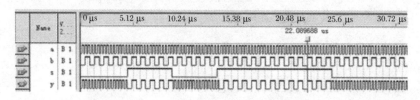

图 5.2　二选一多路选择器仿真波形

② 使用 if 描述语句实现四选一多路选择器的设计。四路信号用 $CLOCK_0$(256 Hz),$CLOCK_2$(8 Hz),$CLOCK_5$(1024 Hz),$CLOCK_9$(3 MHz)输入,按键 1 和 2 作为切换信号,信号通过扬声器输出(注意:频率太高或太低,都不能听到声音)。

五、实验步骤

下面以二选一多路选择器为例,介绍在 Quartus Ⅱ 下的编辑开发流程。

1. 启动 Quartus Ⅱ

可以看到主界面由四部分构成:工程导向窗口、状态窗口、信息窗口和用户区。图 5.3 所示为 Quartus Ⅱ 基本界面。

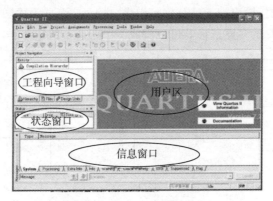

图 5.3　Quartus Ⅱ 基本界面

2. 利用向导,建立一个新项目

在 File 菜单中选择 New Project Wizard 选项启动项目向导。

① 如图 5.4 所示,分别指定创建工程的路径、工程名和顶层文件名。工程名和顶层文件可以一致也可以不同。一个工程中可以有多个文件,但只能有一个顶层文件。这里我们将工程名取为 mux21a,顶层文件名取为 mux21a。

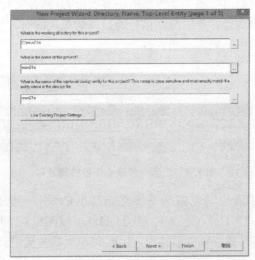

图 5.4　新项目建立向导之项目名、顶层名及路径创建

② 点击 Next 按钮进入页面二,在新建的工程中添加已有 Verilog HDL 文件,如图 5.5 所示。本步骤不需做任何其他操作。

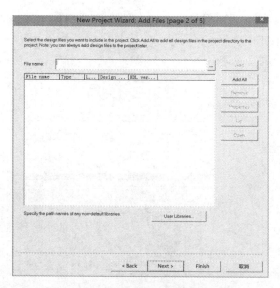

图 5.5　新项目建立向导之添加文件

③ 点击 Next 按钮进入页面三,完成器件选择。器件的选择是和实验平台的硬件相关的。据实验开发板知,使用的是 Cyclone 系列型号为 EP1C12Q2408C8 的器件。据此找到相应的器件,如图 5.6 所示。

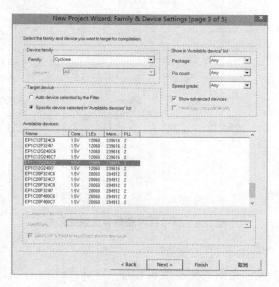

图 5.6　新项目建立向导之器件选择

④ 该步骤分两步,分别是对 EDA 工具的设定和工程综述。都不需做任何操作,如图 5.7 和图 5.8 所示。点击 Finish 完成工程创建。

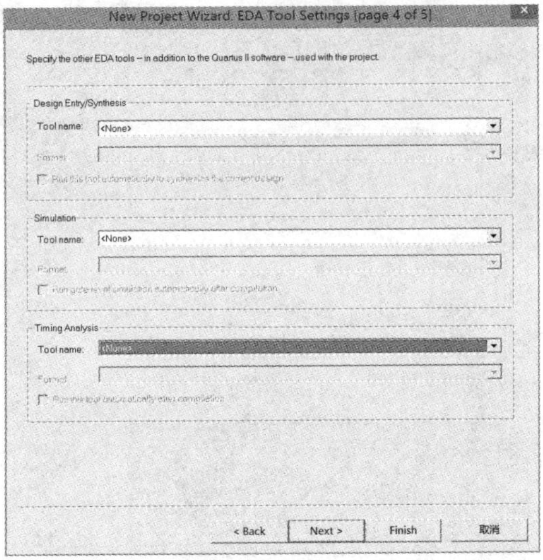

图 5.7 新项目建立向导之第三方综合、仿真、时序分析工具选择

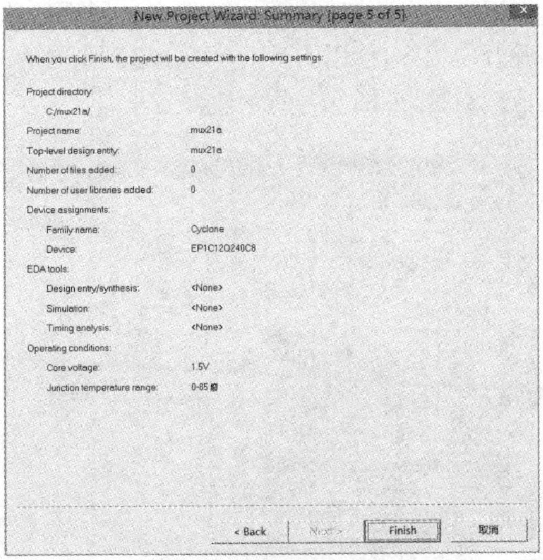

图 5.8 新项目建立向导之创建汇总

3. 新建一个 Verilog HDL 文件

Quartus Ⅱ 中包含完整的文本编辑程序(Text Editor),在此用 Verilog HDL 来编写源程序。新建一个 Verilog HDL 文件:可以通过快捷按钮 D 或快捷键 Ctrl

+N 或直接从 File 菜单中选择 New,弹出页式对话框后选择 Device Design Files 页面的 Verilog HDL File,点击 OK 按钮,如图 5.9 所示。

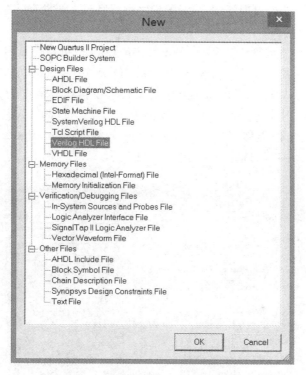

图 5.9　新建 Verilog HDL 文件

4. Verilog HDL 程序输入

在用户区 Verilog HDL 文件窗口中输入源程序,保存时文件名与模块名保持一致,如图 5.10 所示。

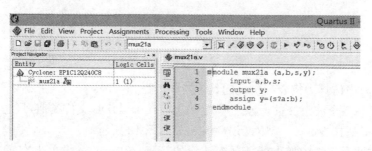

图 5.10　输入工程的 Verilog HDL 源程序

5. 对源程序进行语法检查和编译

使用快捷按钮▶对以上程序进行分析综合,检查语法规范。如果没有问题,则编译整个程序;如果出现问题,则对源程序进行修改直至没有问题为止。

6. 仿真

Quartus Ⅱ内置波形编辑程序(Waveform Editor)可以生成和编辑波形设计文件,从而使设计者可观察和分析模拟结果。Quartus Ⅱ中的仿真包括功能仿真(Functional)和时序仿真(Timing):功能仿真检查逻辑功能是否正确,不含器件内的实际延时分析;时序仿真检查实际电路能否达到设计指标,含器件内的实际延时分析。两种仿真操作类似,只需在 Processing 菜单中选择 Simulator Tool,在其 Simulator Mode 中进行选择即可,如图 5.11 所示。

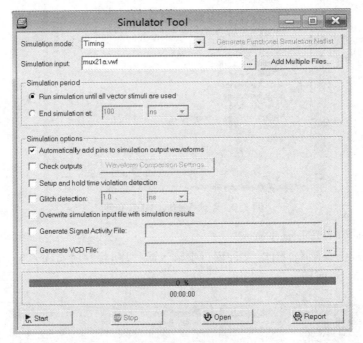

图 5.11 仿真模式选择

现以时序仿真为例介绍仿真的具体操作过程。

① 新建一个波形文件。该过程与新建 Verilog HDL 文件类似,只是在弹出页面对话框后选择 Vector Waveform File,如图 5.12 所示。

② 在波形文件中加入所需观察波形的管脚。在 Name 中单击右键,选择 Insert/Insert Node or Bus 选项,出现 Insert Node or Bus 对话框,此时可在该对话框的 Name 栏直接键入所需仿真的管脚名,也可点击 Node Finder 按钮,将所有需

仿真的管脚一起导入,如图 5.13 所示。

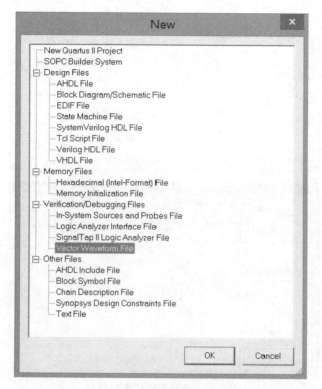

图 5.12　新建仿真波形文件

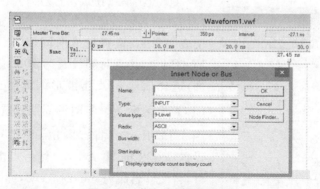

图 5.13　节点选择器对话框

③ 在 Pins 下拉列表框中选择合适的选项,点击 List 按钮,将所需仿真的管脚移至 Select Nodes 框中,如图 5.14 所示,点击 OK 进入波形仿真界面。

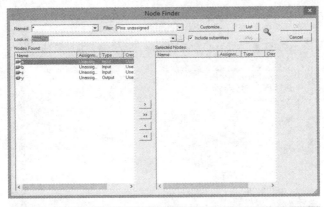

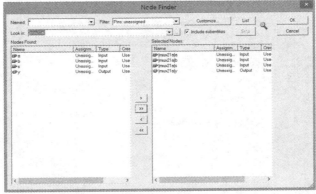

图 5.14　选择需要仿真的信号

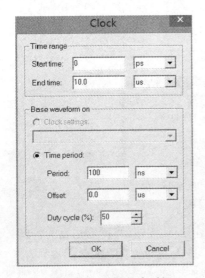

图 5.15　设置仿真时间

④ 点击 & 按钮,进行波形仿真(注意:进行时序仿真前必须编译整个设计,以生成时序仿真的网表文件)。设置仿真时间,从菜单选择 Edit/End Time,仿真时间设置为 10 μs。回到仿真界面,选择信号 a,点击波形编辑器上的 Override CLOCK 图标 ,将时钟周期设置为 100 ns,如图 5.15 所示。同样,将 b,s 两信号的周期分别设置为 323 ns 和 2.7 μs,然后点击保存仿真文件,将文件名命为 mux21a.vwf,如图 5.16 所示。点击工具栏按钮 开始仿真,仿真结果如图 5.17 所示。该二选一选择器由 s 控制 a,b 两路信号的输出,从输出信号 y 来看,在 s 为低电平时输出 b 路信号,为高电平时输出 a 路信号,说

明电路功能是完好的。

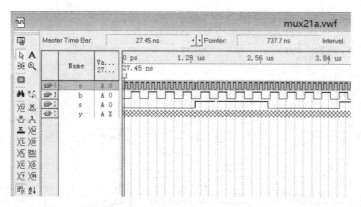

图 5.16　所有仿真信号波形设置

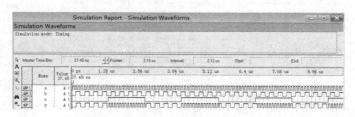

图 5.17　仿真结果

7. 引脚锁定

功能仿真正确后,就要把编译好的程序写到芯片里生成逻辑电路。程序定义了输入信号 a,b,s 和输出信号 y,那么应该将它们接入芯片的哪个端口呢? 实验箱的 FPGA 芯片是 EP1C12Q240C8,其中的 240 代表了该芯片有 240 个引脚(图 5.18),每边 60 个引脚,左上角第一个引脚作为 1 号,逆时针编号。这些引脚除了部分引脚用于供电、时钟、下载、配置等功能以外,其余绝大部分都是既可作输入也可作输出的,也就是上述四个信号可以任意锁定在

图 5.18　EP1C12Q240C8 引脚分布图

这些通用的 I/O 口上,例如,编号 28 的引脚外接了时钟信号的输入,那么当我们把 a 信号锁定到 28 号引脚上时,就会把外部的时钟信号输入到内部程序定义的 a 端口上;同理,把外部产生高低电平的按钮接到某一引脚(如编号为 233 的引脚),然

后将程序中s端口锁定到此引脚上,随着按钮电平的变化,s端口的电平也跟着发生变化。实验箱可重配置模式,本次实验选择模式5,各引脚对应的外部硬件如图5.19所示。由于引脚在不同模式中功能有所变化,使用前先要根据模式确定所用PIO编号,然后根据PIO编号查出真正对应芯片的I/O引脚,如图5.20所示。查到引脚后,就可以锁定了。

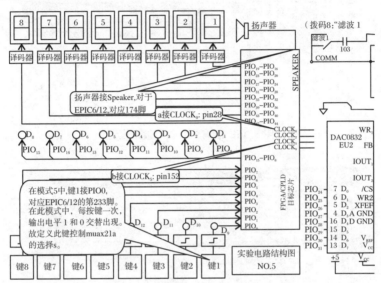

图5.19 模式5各引脚分配图

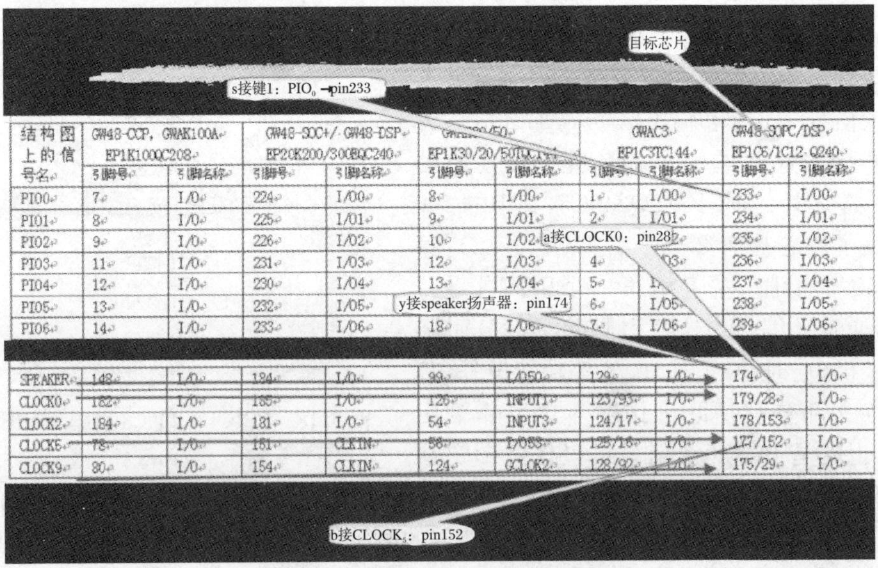

图5.20 PIO与芯片I/O的对应关系图

第五章 FPGA的应用实验

① 锁定。从菜单 Assignments 选择 Assignment Editor，在弹出的对话框 Category 项选择 Pin，在 Edit 的 To 一列中双击依次加入各引脚信号，在 Location 一列输入对应的引脚编号，如图 5.21 所示。输入结束点击"保存"。或者在菜单 Assignments 选择 Pin Planner，在 Location 列输入 Node Name 列对应信号的引脚编号（图 5.21），输入会自动保存。

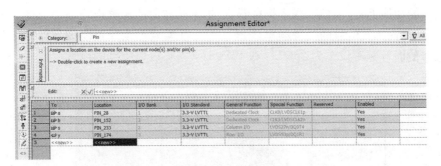

图 5.21　引脚锁定

② 编译。使用 ▶ 进行整体编译，系统将自动生成 .POF 文件和 .SOF 文件。

8. 下载

程序的下载使用 USB-Blaser 下载器，确保下载器的 USB 接口和电脑连接且调试灯亮。点击工具栏上的 弹出下载对话框，在 Hardware Setup 的右侧应该出现如图 5.22 所示的 USB-Blaster[USB-0]字样，表明 USB-Blaster 下载器已经正常连接。

Mode 有四种下载方式，如图 5.23 所示。选择 JTAG 模式，将下载线连接到实验箱上 JTAG 下载口上，用于程序调试，掉电后程序丢失；选择 Active Serial Programming 模式连接到 AS 端口上，程序下载后写入 EPCS1 掉电保护芯片，系统加电后程序自动从掉电保护芯片加载。

图 5.22　USB-Blaser 下载器连接

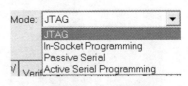

图 5.23　四种下载方式

默认打开下载器时，已自动加载当前项目的下载文件，其中文件在 JTAG 模式下是 .SOF 格式文件，在 AS 模式下是 .POF 文件。程序文件若没有出现在下载列表，点击选择左边 Add File 加载。加载后核对文件名是否是由本项目生成的，对应的 Device 一列是否是当前器件，Program/Configure 前的方框是否处于选中状态。若无误，点击 Start 开始程序下载，当进度条显示 100% 时，下载完成。在实验箱上观察实验现象。

9. 观察现象

本实验是二选一多路选择器，a,b 两路信号接入不同频率的低频时钟信号，在开关 s 的切换下，经端口 y 送入扬声器，产生不同音调的蜂鸣声。

① 设置 a,b 信号的时钟频率（图 5.24）。在实验箱上通过跳线分别将 a,b 两路信号的时钟频率设置为 256 Hz 和 1024 Hz（人耳可以听到的声音）。

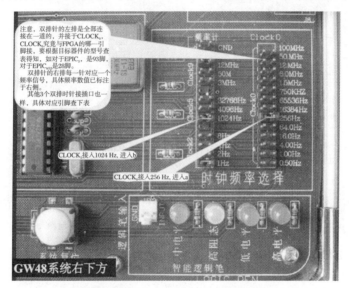

图 5.24　a,b 信号时钟设置

② 选择模式（图 5.25）。选择模式 5，反复按实验箱上的键 1（图 5.26），听扬声器发出的声音。

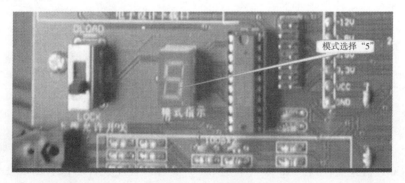

图 5.25　选择模式 5

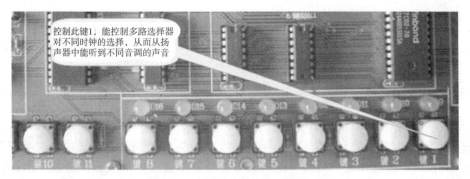

图 5.26 按键 1 控制不同音调声音

六、实验报告

① 内容包括程序设计、软件编译、仿真分析、硬件测试和详细实验过程。
② 给出程序分析报告、仿真波形图及其分析报告。

七、预习要求

① 安装 Quartus Ⅱ 软件,完成实验步骤中的 1~6。
② 了解四选一多路选择器的工作原理及构成方式。

八、思考题

① 设计四选一多路选择器。仿照实验步骤验证设计的正确性,选择实验模式 5,$CLOCK_0$(256 Hz)锁定 28 引脚、$CLOCK_2$(8 Hz)锁定 153 引脚、$CLOCK_5$(1024 Hz)锁定 152 引脚、$CLOCK_9$(3 MHz)锁定 29 引脚,按键 1 和 2 分别锁定 233,234 引脚,扬声器输出锁定 174 引脚。

② 以一位二进制全加器为基本元件,用例化语句写出八位并行二进制全加器的顶层文件,并讨论此加法器的电路特性。

实验二 基本时序电路设计

一、实验目的

① 熟习 Quartus Ⅱ 的 Verilog HDL 文本设计过程。
② 掌握简单时序电路的设计、仿真和测试。

二、实验设备

GW48-PK2/PK3 实验箱,Quartus Ⅱ 软件。

三、实验原理

在各种复杂的数字电路中,不但需要对输入信号进行算术运算和逻辑运算,还经常需要将这些信号和运算结果保存起来。因此需要使用具有记忆功能的基本逻辑单元,其中能够存储一位信号的基本单元电路就被称为触发器。根据电路结构形式和控制方式的不同,可以将触发器分为 D 触发器、JK 触发器、T 触发器,等等。这里只介绍常用的 D 触发器,其他类型触发器的操作请有兴趣的学生自己实现。

在数字电路中,D 触发器是最为简单也是最为常用的一种基本时序逻辑电路,它是构成数字电路系统的基础,大体可分为如下几类:基本的 D 触发器,同步复位的 D 触发器,异步复位的 D 触发器,同步置位/复位的 D 触发器,异步置位/复位的 D 触发器。

下面分别介绍各个 D 触发器的具体工作原理。

1. 基本的 D 触发器

在数字电路中,一个基本的上升沿 D 触发器的逻辑电路符号如图 5.27 所示,其真值表如表 5.1 所示。

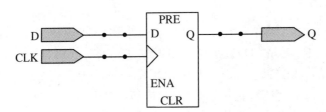

图 5.27 上升沿 D 触发器逻辑电路符号

表 5.1 D 触发器的真值表

D	CP	Q	$\overline{Q}$
X	0	保持	保持
X	1	保持	保持
0	上升沿	0	1
1	上升沿	1	0

根据上面的电路符号和真值表不难看出,一个基本的 D 触发器的工作原理为:当时钟信号的上升沿到来时,输入端口 D 的数据将传递给输出端口 Q 和输出端口

$\overline{Q}$。在此,输出端口 Q 和输出端口 $\overline{Q}$ 除了反相之外,其他特性都是相同的,仿真波形如图 5.28 所示。

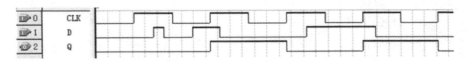

图 5.28　D 触发器的仿真波形

2. 异步复位的 D 触发器

常见的带有异步复位控制端口的上升沿 D 触发器的逻辑电路符号如图 5.29 所示,由它的真值表(表 5.2)不难看出,只要复位控制端口的信号有效,D 触发器就会立即进行复位操作。可见,这时的复位操作是与时钟信号无关的,仿真波形如图 5.30 所示。

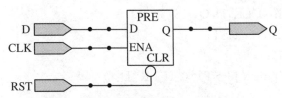

图 5.29　异步复位的 D 触发器

表 5.2　异步复位的 D 触发器真值表

R	D	CP	Q	$\overline{Q}$
0	X	上升沿	0	1
1	X	0	保持	保持
1	X	1	保持	保持
1	0	上升沿	0	1
1	1	上升沿	1	0

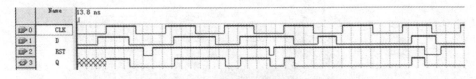

图 5.30　异步复位的 D 触发器波形图

四、实验内容

① 根据实验一的步骤和要求,设计边缘型触发器(例 5.1),给出程序设计、软

件编译、仿真分析、硬件测试及详细实验过程。

【例 5.1】 边缘型触发器
```
module ddf1(CLK,D,Q);
    input CLK,D;
    output Q;
    reg Q;
    always @(posedge CLK)
        Q<=D;
endmodule
```

② 设计异步复位锁存器(例 5.2),同样给出程序设计、软件编译、仿真分析、硬件测试及详细实验过程。

【例 5.2】 异步复位锁存器
```
module latch1(CLK,D,Q,RST);
    input CLK,D,RST;
    output Q;
    assign Q = (!RST)?0:(CLK?D:Q);
endmodule
```

五、实验步骤

1. 基本的 D 触发器

本实验用按键作为输入信号 D,发光二极管 D_0 作为信号 Q 的输出,在时钟 CLK 的作用下,随着按键切换产生高低电平的变化,二极管会跟着闪动。按键、时钟、发光二极管的图参看实验一中的图。

① 输入预习时编写的程序,编译并仿真。

② 锁定引脚。实验模式选择 5,选择按键 1(引脚编号 233)、发光二极管 D_0(引脚编号 1)、时钟 $CLOCK_0$(引脚编号 28),如图 5.31 所示。

	To	Location	I/O Bank	I/O Standard
1	CLK	PIN_28	1	3.3-V LVTTL
2	D	PIN_233	2	3.3-V LVTTL
3	Q	PIN_1	1	3.3-V LVTTL

图 5.31 引脚锁定

③ 编译下载。

④ 观察现象。选择实验箱模式 5,时钟 $CLOCK_0$ 跳线选择 16384,反复按下实

验箱上的键 1,观察发光二极管 D_0 是否随着按键电平变化亮灭交替。改变 $CLOCK_0$ 跳线时钟,依次递减时钟频率,按键 1,观察 D_0 亮灭有何变化并分析原因。

2. 异步复位的 D 触发器

步骤同基本 D 触发器,只是第②步在锁定引脚时加入复位信号 RST,将 RST 锁定到键 2(引脚编号 234);第④步在观察现象时,选择不同的时钟信号,按键 1 和 2,观察 D_0 受按键和时钟的影响并说明原因。

六、实验报告

① 内容包括程序设计、软件编译、仿真分析、硬件测试和详细实验过程。
② 给出程序分析报告、仿真波形图及其分析报告。

七、预习要求

① 在 Quartus II 软件里按照实验一步骤中的 1~6 完成实验内容的程序及仿真。
② 掌握时序逻辑电路程序的编写方法、语言现象,对仿真结果分析。

八、思考题

只用一个一位二进制全加器基本元件和一些辅助的时序电路,设计一个八位串行二进制全加器。要求:

① 能在八或九个时钟脉冲后完成八位二进制数(加数与被加数的输入方式并行)的加法运算,电路需考虑进位输入 CIN 和进位输出 COUT。

② 给出此电路的时序波形,讨论其功能,并就工作速度与并行加法器进行比较。

③ 在 FPGA 中进行实测。对于 GW48 EDA 实验系统,建议选择电路模式 1:键 2、键 1 输入八位加数;键 4、键 3 输入八位被加数;键 8 作为手动单步时钟输入;键 7 控制进位输入 CIN;键 9 控制清零;数码 6 和数码 5 显示相加和;发光管 D_1 显示溢出进位 COUT。

④ 键 8 作为相加起始控制,同时兼任清零;工作时钟由 $CLOCK_0$ 自动给出,每当键 8 发出一次开始相加命令,电路即自动相加,结束后停止工作并显示相加结果。就外部端口而言,与纯组合电路八位并行加法器相比,此串行加法器仅多出一个加法起始/清零控制输入和工作时钟输入端(提示:此加法器有并/串和串/并移位寄存器各一个)。

实验三　含异步清零和同步时钟使能的加法计数器设计

一、实验目的

① 掌握计数器的设计。
② 掌握仿真和硬件测试。
③ 进一步熟习 Verilog HDL 设计技术。

二、实验设备

GW48-PK2/PK3 实验箱，Quartus Ⅱ 软件。

三、实验原理

计数器就是实现"计数"功能的时序逻辑电路。计数器的应用十分广泛，不仅可用于计数，也可用于分频、定时等。计数器电路主要由触发器和少量门电路组成。

计数器种类繁多，根据计数机制的不同，计数器可分成二进制（即 2^n 进制）计数器和非二进制计数器两大类。在非二进制计数器中，最常用的是十进制计数器，其他的一般称为任意进制计数器。根据计数方法，计数器可分为加法计数器（随着计数脉冲的输入而递增计数）、减法计数器（随着计数脉冲的输入而递减计数）、可逆计数器（既可递增计数，也可递减计数）。根据计数脉冲引入方式不同，计数器又可分为同步计数器（在同一计数脉冲的作用下，计数器中的触发器同时改变状态）、异步计数器（在同一计数脉冲的作用下，计数器中的触发器状态改变不同时发生）。

除了计数功能外，计数器还有一些附加功能，如异步复位、预置数（有同步预置数和异步预置数两种。前者受时钟脉冲控制，后者不受时钟脉冲控制）、保持（有保持进位和不保持进位两种）。虽然计数器一般只有二进制和十进制两种，但有了这些附加功能，我们就可以方便地用已有的计数器来构成任意进制的计数器。

本实验采用的是异步清零同步置位的加法计数器，如图 5.32 所示。计数器在使能端 EN 为高电平时开始计数，当时钟上升沿到来时，计数器加 1，

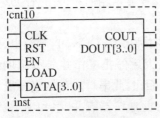

图 5.32　异步清零同步置位的加法计数器框图

计数到 9 时,计满信号从 COUT 输出,计数器从 0 开始计数。复位端 RST 不受时钟信号 CLK 和使能端 EN 的影响,在复位端接受到高电平后,计数从 0 开始。置位端在时钟和使能信号的作用下,时钟上升沿到来,数据装载信号 LOAD 为高电平时,初始值从 DATA 端送入,计数从预置的 DATA 值开始。由于受时钟的影响,置数是同步的,如图 5.33 所示。

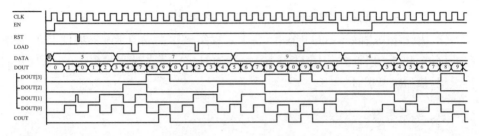

图 5.33 计数器仿真波形

四、实验内容

① 在 Quartus Ⅱ 上对例 5.3 进行编辑、编译、综合、适配、仿真。说明例中各语句的作用,详细描述示例的功能特点,给出其所有信号的时序仿真波形。

【例 5.3】 加法计数器

```
module cnt10(CLK,RST,EN,LOAD,COUT,DOUT,DATA);
    input CLK,RST,EN,LOAD;   //时钟、复位、时钟使能、数据加载控制
                               信号输入口
    input [3:0] DATA;   //四位并行加载数据输入口
    output [3:0] DOUT;   //计数数据输出信号口
    output COUT;   //计数进位输出
    reg [3:0] Q1;
    reg COUT;
    assign DOUT=Q1;   //将内部数据寄存器的计数结果输出至 DOUT
    always @(posedge CLK or negedge RST) begin   //时序进程
        if(! RST)  Q1<=0;   //RST=0 时,对内部寄存器单元异步清零
        else if(EN)  begin   //同步使能 EN=1,则允许加载或计数
            if(! LOAD) Q1 <= DATA;   //LOAD=0,向内部寄存器加载数据
            else if (Q1 < 9)  Q1 <= Q1 + 1;   //当 Q1<9 时,允许累加
            else Q1 <= 4'b0000;   //否则一个时钟后清零返回初值
        end
```

```
        end
    always @(Q1)    //组合电路过程
        if (Q1==4'h9)   COUT = 1'b1;   //当 Q1=1001 时,COUT 输
                                          出进位标志 1
        else   COUT = 1'b0;    //否则输出进位标志 0
    endmodule
```

② 使用 SignalTap Ⅱ 对此计数器进行实时测试。

③ 从设计中去除 SignalTap Ⅱ,要求全程编译后生成用于配置器件 EPCS1 编程的压缩 .POF 文件,并使用 USB-Blaster,通过 AS 模式对实验板上的 EPCS1 进行编程,最后进行验证。

五、实验步骤

1. 异步清零、同步使能的加法计数器

本实验的计数使能端 EN 和计数置数端 LOAD、复位端 RST 锁定到按键上,置数通过按键来置入,计数输出和溢出锁定到发光二极管上,如图 5.34 所示。

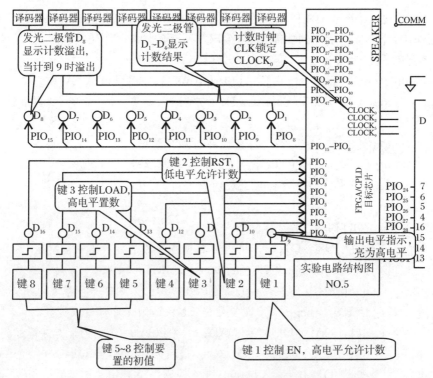

图 5.34 各信号在实验箱的功能锁定图

第五章 FPGA的应用实验

① 输入预习时编写的程序,编译并仿真。

② 锁定引脚。实验模式选择5,时钟CLK锁定$CLOCK_0$(28引脚),按键1控制计数使能(引脚编号233),按键2控制复位RST端(引脚编号234),按键3控制置数信号LOAD(引脚编号235),预置的数DATA按键5~8输入(引脚编号为237~240)。计数输出DOUT用发光二极管D_1~D_4(引脚编号为1~4)表示,计数溢出COUT锁定发光二极管D_8(引脚编号为12),如图5.35所示。

	To	Location	I/O Bank
1	CLK	PIN_28	1
2	EN	PIN_233	2
3	RST	PIN_234	2
4	LOAD	PIN_235	2
5	DATA[0]	PIN_237	2
6	DATA[1]	PIN_238	2
7	DATA[2]	PIN_239	2
8	DATA[3]	PIN_240	2
9	DOUT[0]	PIN_1	1
10	DOUT[1]	PIN_2	1
11	DOUT[2]	PIN_3	1
12	DOUT[3]	PIN_4	1
13	COUT	PIN_12	1

图5.35 引脚锁定

③ 编译下载。

④ 观察现象。选择实验箱模式5,时钟$CLOCK_0$跳线选择8 Hz,按下实验箱上的键1后计数使能,开始计数。观察发光二极管D_1~D_4的变化情况是否为从0000至1001变化,计到1001时发光二极管D_8闪一下,表明计数正常;按下键2两次,观察计数是否复位,从0开始计数;按下按键3后,改变键5~8的电平值后,再按下按键3变为低电平,观察计数器是否从所置的数开始计数。为了使观察现象清楚,时钟频率尽量选择得低一些。

2. SignalTap Ⅱ的使用

SignalTap Ⅱ嵌入逻辑分析仪集成在Quartus Ⅱ设计软件中,它弥补了传统的逻辑分析仪在测试复杂的FPGA设计时引脚难以连接、测试信号受干扰及价格高等缺点,能够捕获和显示可编程单芯片系统(SOPC)设计中实时信号的状态,使开发者在整个设计过程中就能以系统级的速度观察硬件和软件的交互作用。它支持的通道多达1024个,采样的深度高达128 K,每个分析仪均有十级触发I/O,从而增加了采样的精度。

① 新建.STP文件,启动SignalTap Ⅱ。使用SignalTap Ⅱ之前需要将其调用起来,具体操作方法为选择File/New命令,在New对话框中选择Verification/Debugging选项卡中的SignalTap Ⅱ Logic Analyzer File(图5.36),单击OK按钮

即可出现 SignalTap Ⅱ 编辑窗口。

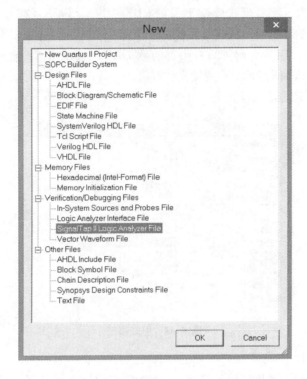

图 5.36　新建嵌入式逻辑分析仪

②.STP 文件的参数设置。

A. 设置采样时钟。采样时钟决定了显示信号波形的分辨率,它的频率要大于被测信号的最高频率,否则无法正确反映被测信号波形的变化。SignalTap Ⅱ 在时钟的上升沿采样,可以采用设计系统中的任何信号作为采样时钟,根据 Altera 公司的建议最好采用同步系统全局时钟。但是在实际应用中,多数情况下使用的是独立的采样时钟,这样能采到被测系统中的慢速信号,故需将系统时钟进行分频。点击 CLOCK 处的浏览按钮,添加采样时钟。

B. 指定采样深度。在 Sample Depth 处选择采样深度,即信号的长度,它是由设计中剩余的 RAM 块容量和待测信号的个数决定的。该值受 FPGA 芯片内置存储器大小限制,设得过长,编译会通不过。

C. 设置 Buffer Acquisition Mode。其包括循环采样存储和连续存储两种模式。循环采样存储也就是分段存储,它将整个缓存分成多个片段(Segment),每当触发条件满足时就捕获一段数据。该功能可以去掉无关的数据,使采样缓存更加灵活。选择循环采样存储时通常需要设置触发(采样沿)位置。触发位置允许指定在选定实例中触发器之前和触发器之后应采集的数据量处。

    D. 触发流程控制。

    E. 指定采样沿所在位置。

    F. 指定触发条件和触发级别。

    a. 触发条件。只有当触发信号（Source 处选择的信号）发生变化时，Pattern 处选择的变化有高低电平、上升下降沿、上下变化沿，Singnaltap 会捕获/暂停一次。可以设定单个信号的独立触发条件，直接采用单个外部或设计模块内部的信号，也允许多个节点信号组合的复杂触发条件构成触发函数的触发条件方程，以协助调试工作。当触发条件得到满足时，在 SignalTap Ⅱ 时钟的上升沿对被测信号采样，例如，使能信号 EN 与 RST 相与后触发，触发条件为 ENA&RST。

    b. 触发级别。SignalTap Ⅱ 支持多触发级的触发方式，最多可支持十级触发，为设置复杂的触发条件提供了足够的灵活性，帮助验证检错。如果设置了多触发级别，那么直到所有的触发条件顺次得到满足后才开始采集数据。

    G. 加入待测信号。可以在 Node Finder 窗口进行选择，添加要观察的信号。

    H. 设置 JTAG。

以上设置结果如图 5.37 所示。

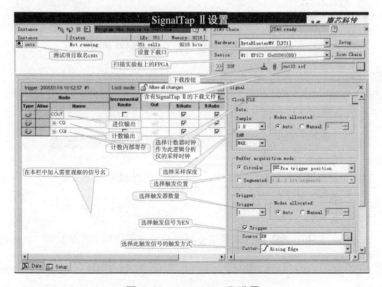

图 5.37　SignalTap Ⅱ 设置

③ 保存并编译。保存时要求确认是否在项目中启用嵌入式逻辑分析仪，如图

5.38所示。在项目中启用,如图5.39所示。

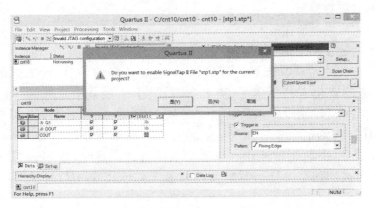

图 5.38　保存时确认是否启用嵌入式逻辑分析仪

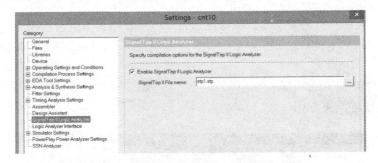

图 5.39　项目中启用嵌入式逻辑分析仪

编译后逻辑单元明显增加,如图5.40所示。

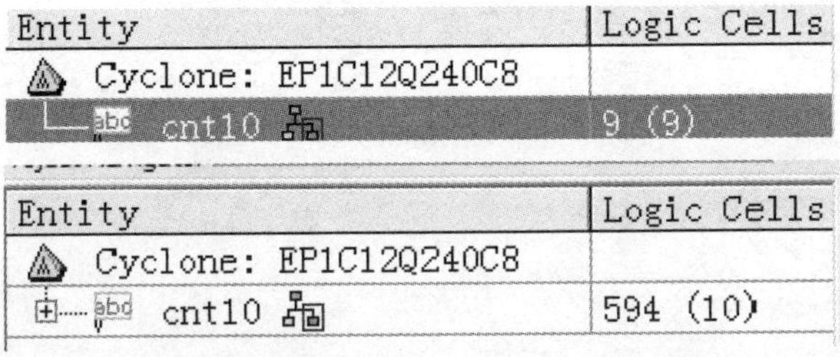

图 5.40　加入嵌入式逻辑分析仪前后占用逻辑单元的比较

④ 启动SignalTap Ⅱ进行采样与分析,如图5.41和图5.42所示。

第五章 FPGA的应用实验

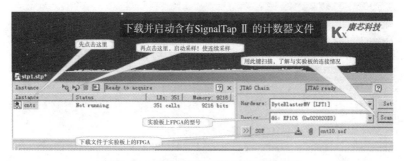

图 5.41　下载并启动嵌入式逻辑分析仪

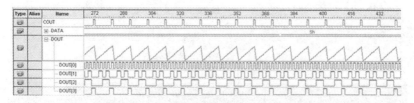

图 5.42　启动分析后取得各信号的实时波形

3. 实现掉电保护

① 设置 AS 下载模式,如图 5.43 所示。

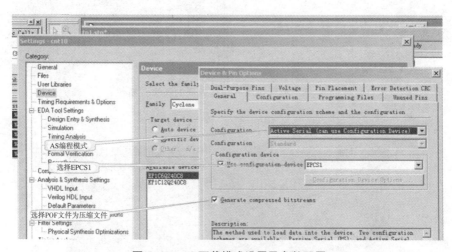

图 5.43　AS 下载模式设置及参数配置

② 禁止使用 SignalTap Ⅱ,如图 5.44 所示。
③ 重新编译,如图 5.45 所示。

123

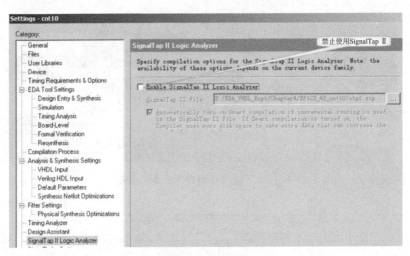

图 5.44　禁止使用逻辑分析仪

图 5.45　重新编译并消除内嵌的逻辑分析仪

④ 通过 AS 口下载，如图 5.46 和图 5.47 所示。

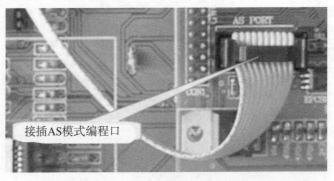

图 5.46　下载线插到 AS 下载口上

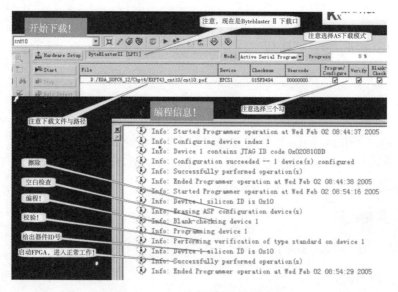

图 5.47　下载过程中各信息提示

六、实验报告

① 内容包括程序设计、软件编译、仿真分析、硬件测试和详细的实验过程。
② 给出程序分析报告、仿真波形图及其分析报告。

七、预习要求

① 在 Quartus Ⅱ 软件里按照实验一步骤中 1～6 完成实验内容①的程序及仿真。
② 理解例 5.3 程序的编写方法、语言现象,对仿真结果进行分析。
③ 学习教材中"嵌入式逻辑分析仪使用方法"一节的内容,理解其使用意义和方法。

八、思考题

为此项设计加入一个可用于 SignalTap Ⅱ 采样的独立的时钟输入端(采样时钟选择 CLOCK。为 12 MHz,计数器时钟 CLK 分别选择 256 Hz,16384 Hz,6 MHz),并进行实时测试。

实验四 用原理图输入法设计八位全加器

一、实验目的

① 熟习利用 Quartus Ⅱ 的原理图输入方法设计简单组合电路。
② 掌握层次化设计的方法,并通过一个八位全加器的设计,掌握利用 EDA 软件,用原理图输入方法设计电子线路的详细流程。

二、实验设备

GW48-PK2/PK3 实验箱,Quartus Ⅱ 软件。

三、实验原理

1. 半加器

若只考虑两个加数本身,而不考虑来自相邻低位的进位,称为半加,实现半加运算功能的电路称为半加器。半加器可完成两个一位二进制数的相加。

根据加法法则可列出半加器的真值表(表 5.3)和逻辑电路及符号(图 5.48)。

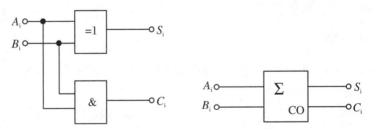

图 5.48 半加器的逻辑电路及符号

表 5.3 半加器的真值表

	CP	Q	$\overline{Q}$
X	上升沿	0	1
X	0	保持	保持
X	1	保持	保持
0	上升沿	0	1
1	上升沿	1	0

由真值表可得出半加器的逻辑表达式

$$S_i = A_i \overline{B_i} + \overline{A_i} B_i = A_i \oplus B_i, \quad C_i = A_i B_i$$

由上述表达式可得出半加器的原理图(图 5.49)。

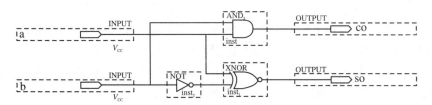

图 5.49　半加器的原理图

2. 全加器

全加器是一种实现被加数、加数和来自低位的进位数三者相加的运算器。一位全加器可由两个半加器和一个或门构成,如图 5.50 所示。

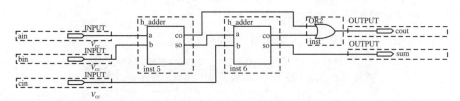

图 5.50　一位全加器的原理图

3. 多位全加器

多个全加器按顺序连接起来就可以构成多位全加器,图 5.51 所示的是一个三位全加器,每一位的进位输出作为下一位的进位输入。

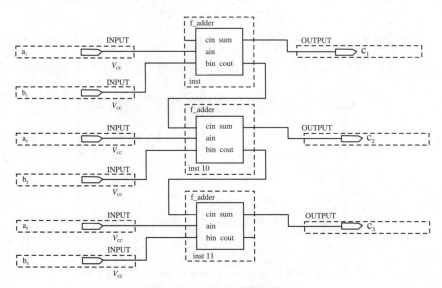

图 5.51　三位全加器的原理图

四、实验内容

① 完成半加器和全加器的设计(包括原理图输入、编译、综合、适配、仿真、实验板上的硬件测试),并将此全加器电路设置成一个硬件符号入库。

② 设计一个更高层次的原理图,利用以上获得的一位全加器构成八位全加器,完成编译、综合、适配、仿真和硬件测试。

五、实验步骤

1. 半加器的原理图输入方法设计

本实验按照实验原理中半加器的原理图实现方式来设计一个半加器。

① 为本项工程设计建立文件夹并命名为 adder。

② 建立原理图文件工程和仿真。

A. 新建一个空白的原理图,如图 5.52 所示。

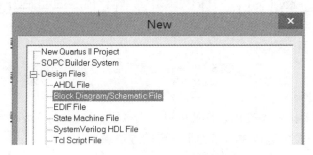

图 5.52　新建空白原理图

B. 点击工具栏中图标 ⊕ 放置原理图符号。按照实验原理中半加器的原理图,分别放置与门、非门、异或门各一个,输入端口两个,输出端口两个,如图 5.53 所示。

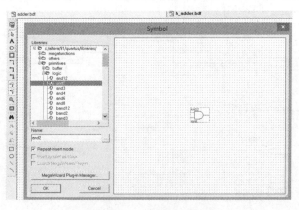

图 5.53　放置原理图符号

C. 点击 ⌐ 图标对原理图连线,也可以把鼠标悬停在元件的端口,连线的符号自动出现,拖动鼠标到另一元件的连接端口,完成连线。按照实验原理半加器的原理图连线方式将所有元件连接起来。

D. 保存。点击保存图标将原理图保存为 h_adder.bdf 文件,这时会弹出新建工程向导,建立 h_adder 的工程。

E. 仿真。新建 h_adder 的仿真文件,设置合适的仿真时间,观察仿真结果是否符合半加器的工作原理,如图 5.54 所示。

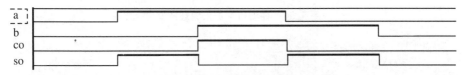

图 5.54　半加器的仿真波形

F. 创建可调用元件。用上述半加器原理图生成全加器可调用的元件,如图 5.55 所示。

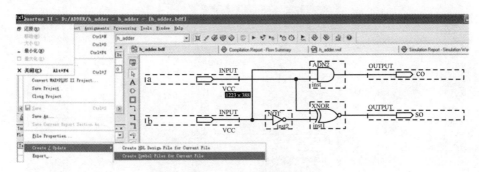

图 5.55　生成可调用的元件

2. 全加器的设计

全加器是在上述半加器的基础上,由两个半加器和一个或门构成。

① 新建全加器原理图。首先选择菜单 File/Close Project 退出已建立的半加器工程,然后同半加器一样,新建一个空白的原理图,放置三个输入端口、两个输出端口和一个或门,接着将保存文件命名为 f_adder.bdf。保存后弹出新建项目的对话框,按照向导逐步完成。到第二步时要将半加器的 .bdf 文件加入进来,如图 5.56 所示。

② 添加半加器可调用元件。在 Project 下面可发现 h_adder 的半加器元件,点击后加入原理图(图 5.57)中,然后按照实验原理中全加器的连线将各个元器件连接起来。

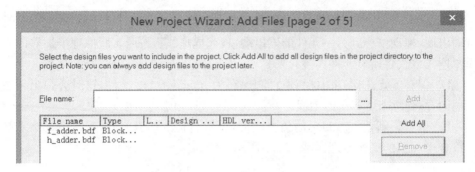

图 5.56　在项目中加入原理图文件

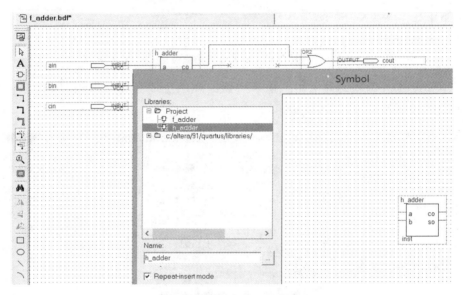

图 5.57　在原理图中插入生成的元件

A. 编译、引脚锁定和下载。选择实验模式 5,加数 a 和被加数 b 分别用按键 1 (引脚编号 233)和按键 2(引脚编号 234),加和与进位输出分别锁定到两个发光二极管 D_1(引脚编号 1)和@(引脚编号 2)。锁定后编译、下载。

B. 观察现象。按下键 1 和键 2,随着按键电平的变化,观察加和与进位输出两个发光二极管的变化是否与全加器的工作原理相吻合。

C. 生成可调用元件。参考半加器可调用元件的生成方法生成全加器可调用元件,用于下述八位全加器的设计。

③ 八位全加器的设计。参考半加器、全加器的设计步骤及实验原理中多位全加器的设计原理图,完成八位全加器的原理图设计。

建议选择电路模式 1;键 2、键 1 输入八位加数;键 4、键 3 输入八位被加数;数码 6/5 显示加和；D_8 显示进位 COUT。

六、实验报告

① 写出程序设计、软件编译、仿真分析、硬件测试和详细实验过程。
② 给出程序分析报告、仿真波形图及其分析报告。

七、预习要求

① 了解全加器的构成及原理。
② 利用 Quartus Ⅱ 软件，按照实验步骤完成实验内容原理图的设计及仿真。

八、思考题

设计一个两位计数器模块，连接它们的计数进位，用四个计数模块完成一个八位有时钟使能的计数器。

实验五　正弦信号发生器设计

一、实验目的

进一步熟习 Quartus Ⅱ 及其 LPM_ROM 与 FPGA 硬件资源的使用方法。

二、实验设备

GW48-PK2/PK3 实验箱，Quartus Ⅱ 软件。

三、实验原理

正弦信号发生器由三部分组成：数据计数器或地址发生器、数据 ROM 和 D/A 转换器。在数据 ROM 里存储着经过量化的正弦波的数据，在地址计数器的作用下，依次选中 ROM 并输出选中单元的数据，经过 D/A 转换器，数字信号变为模拟信号，输出的信号为连续的正弦信号，如图 5.58 所示。

图 5.58　正弦信号发生器原理框图

在图 5.58 中，一个完整的正弦波被量化成 $128(2^7)$ 个点，也就是七位地址计数器计数的最大值。计数器在时钟作用下从正弦波 ROM 的零地址开始，依次读出量化的正弦波值，当计数到 127 后溢出，形成一个完整的正弦波。接着计数从 0 开始下一个正弦波的输出。由此可知，地址发生器的时钟 CLK 的输入频率 f_0 与每个周期的波形数据点数（在此选择 128 点）以及 D/A 输出信号的频率 f 的关系是：$f=f_0/128$。

正弦波 ROM 量化的范围与 D/A 转换器匹配，八位 D/A 转换器的量化的范围为 0~255。量化后各个点的值由以下公式得出：

$$Y=128+127\times\sin(2\pi\times i/128) \quad (i\in[0,128])$$

量化后的 ROM 内容如表 5.4 所示。

表 5.4 量化后的 ROM 内容

Addr.	+0	+1	+2	+3	+4	+5	+6	+7
0	128	134	140	146	152	158	165	170
8	176	182	188	193	198	203	208	213
16	218	222	226	230	234	237	240	243
24	245	248	250	251	253	254	254	255
32	255	255	254	254	253	251	250	248
40	245	243	240	237	234	230	226	222
48	218	213	208	203	198	193	188	182
56	176	170	165	158	152	146	140	134
64	127	121	115	109	103	97	90	85
72	79	73	67	62	57	52	47	42
80	37	33	29	25	21	18	15	12
88	10	7	5	4	2	1	1	0
96	0	0	1	2	4	5	7
104	10	12	15	18	21	25	29	33
112	37	42	47	52	57	62	67	73
120	79	85	90	97	103	109	115	121

表 5.4 中的 ROM 是通过 LPM 生成的。LPM(Library of Parameterized Modules)即参数化模块库，是 Altera 公司 FPGA/CPLD 设计软件 Quartus Ⅱ 自带

的一些宏功能模块,如锁相环(PLL)、低压差分信号(LVDS)、数字信号处理(DSP)等模块。这些功能模块是对 Altera 器件的优化,设计者在用这些模块时,不耗用器件的逻辑资源(Logic Cell)。

四、实验内容

根据例 5.4,先在 Quartus Ⅱ 上完成正弦信号发生器设计,包括仿真和资源利用情况了解(假设利用 Cyclone 器件);然后在实验系统上实测,包括 SignalTap Ⅱ 测试、FPGA 中 ROM 的系统数据读写测试和示波器使用测试;最后完成 EPCS1 配置器件的编程。

【例 5.4】 正弦信号发生器

```
module singt(RST,CLK,EN,Q,AR);
    input EN,CLK,RST;
    output [7:0] Q;
    output [6:0] AR;
    wire [6:0] TMP;
    reg [6:0] Q1;
    always @(posedge CLK or negedge RST)
        if(!RST) Q1<=7′B0000000;
        else if (EN) Q1<=Q1+1;
        else Q1<=Q1;
    assign TMP=Q1;
    assign AR=TMP;
    sinrom IC1(.address(TMP), .inclock(CLK), .q(Q));
endmodule
```

五、实验步骤

正弦信号发生器设计过程如下:

1. 初始化 ROM 文件

① 点击菜单 File/New,新建 Memory Initialization File,如图 5.59 所示。

② 确定量化的点数和输出数据的位数,如图 5.60 所示。

③ 输入量化值,保存路径为 C:\singt\data.mif。

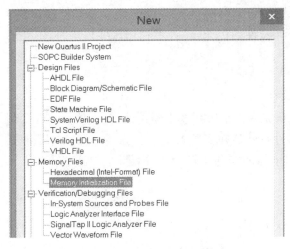

图 5.59 新建 ROM 文件

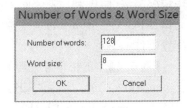

图 5.60 正弦波的量化点数及位数

2. 生成 LPM ROM 文件

① 启动 MegaWizard Plug-in Manager 向导。点击菜单 Tools/MegaWizard Plug-In Manager,如图 5.61 所示。

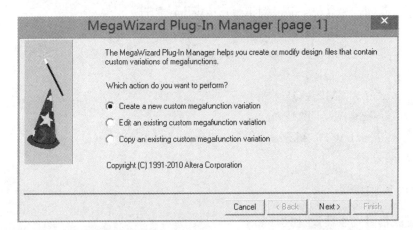

图 5.61 启动 MegaWizard Plug-in Manager 并选择新定制

② 选择单口 ROM,保存名为 sinrom.v,如图 5.62 所示。

③ 设定器件为 Cyclone,数据输出位为八位,量化点数为 128,选择输入与输出时钟分离,如图 5.63 所示。

第五章 FPGA的应用实验

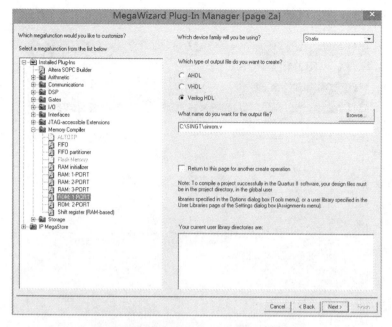

图 5.62　选择 ROM 类型和输出文件类型

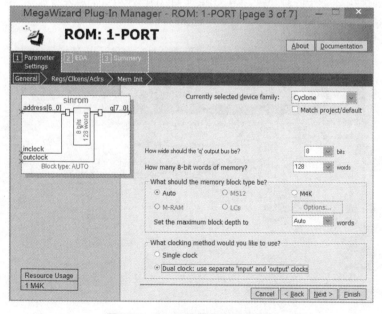

图 5.63　ROM 的量化点数及位数

④ 去掉输出同步时钟，如图 5.64 所示。

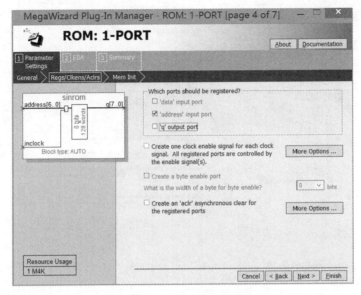

图 5.64　输出不需时钟控制

⑤ 选择步骤①中生成的 ROM 数据文件 data.mif，为了实时监视 ROM 的内容，启用在线内存编辑器(In-System Memory Content Editor)，如图 5.65 所示。

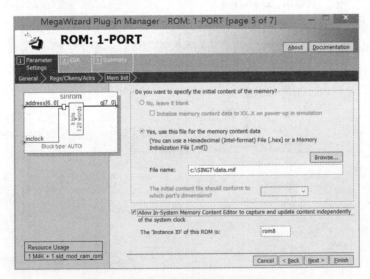

图 5.65　启用在线内存编辑器

⑥ 生成 LPM ROM 文件,如图 5.66 所示。

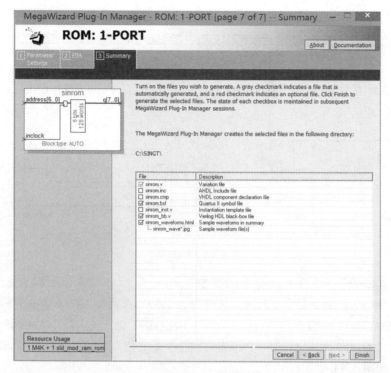

图 5.66　生成 LPM ROM 文件

3. 设计正弦信号发生器

① 按照例 5.4 输入程序 singt.v 并通过向导生成项目 singt,生成项目时要将上述步骤②中生成的 sinrom.v 文件加入进来,如图 5.67 所示。

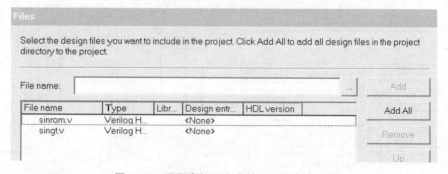

图 5.67　项目中加入生成的 ROM 波形文件

② 仿真波形如图 5.68 所示。

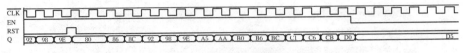

图 5.68　正弦信号仿真波形

③ 观察 RTL 电路图。从菜单选择 Tools/NetList Viewer/RTL Viewer，如图 5.69 所示。

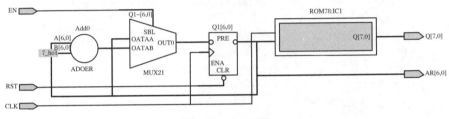

图 5.69　RTL 图

④ 引脚锁定。选择电路模式 5，按键 1(引脚为 233)和键 2(引脚为 234)分别锁定 EN 和 RST，时钟选择 CLOCK$_0$(引脚 28)，FPGA 内部 ROM 数据的输出直接连接到 DAC0832 的数据端口 D$_0$～D$_7$ 上，输出端口 Q$_0$～Q$_7$ 对应的引脚为 136，135，134，133，132，128，41，51。DAC0832 需要接±12 V 电源，输出波形滤波。如图 5.70 和图 5.71 所示。

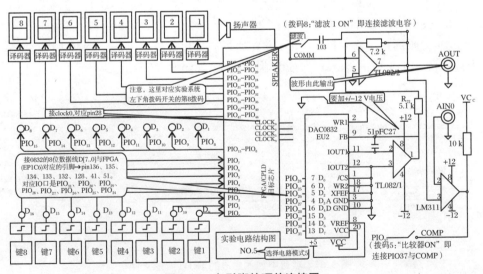

图 5.70　各引脚的硬件连接图

	To	Location	I/O Bank
1	CLK	PIN_28	1
2	EN	PIN_233	2
3	RST	PIN_234	2
4	Q[0]	PIN_21	1
5	Q[1]	PIN_41	1
6	Q[2]	PIN_128	3
7	Q[3]	PIN_132	3
8	Q[4]	PIN_133	3
9	Q[5]	PIN_134	3
10	Q[6]	PIN_135	3
11	Q[7]	PIN_136	3

图 5.71　各信号引脚锁定

⑤ 编译下载观察现象。首先要打开 DAC0832 的 ±12 V 供电,如图 5.72 所示。其次将时钟频率设置为 65536 Hz,如图 5.73 所示。再打开 DAC0832 模块上的滤波开关,如图 5.74 所示。最后调节示波器观察波形,记录频率幅值,如图 5.75 所示。

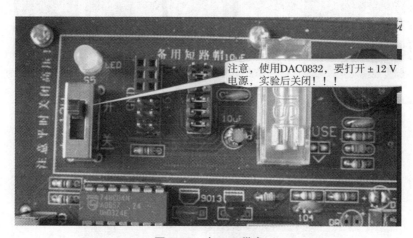

图 5.72　±12 V 供电

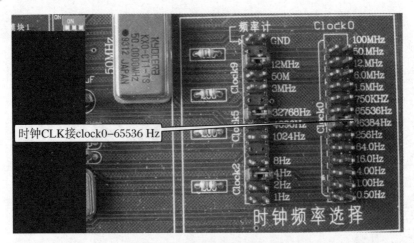

图 5.73　时钟设置到 65536 Hz

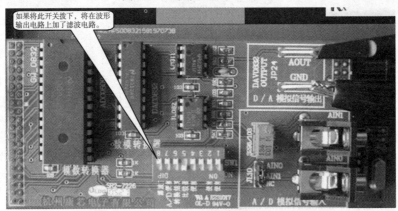

图 5.74　打开滤波开关

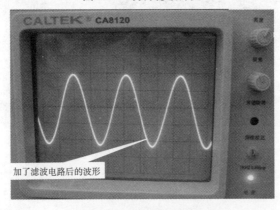

图 5.75　输出正弦波形

4. SignalTap Ⅱ 测试

参考实验三设置 SignalTap Ⅱ 参数,采样时钟使用 CLK,采样深度为 1 K,触发选择 Q[7]的上升沿。要观察的信号为地址计数器 AR 和正弦 ROM 数据输出,如图 5.76 和图 5.77 所示。

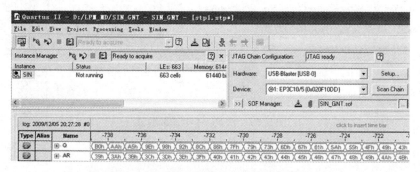

图 5.76　嵌入式逻辑分析仪的参数设置

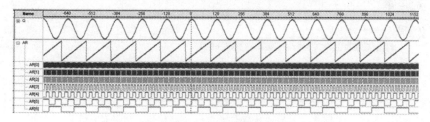

图 5.77　嵌入式逻辑分析仪显示的各信号波形

5. 在系统中存储读写编辑器的应用

① 打开系统存储单元编辑窗口。点击菜单 Tools/In-System Memory Content Editor,弹出窗口,设置下载器,如图 5.78 所示。

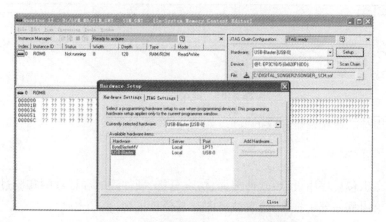

图 5.78　在线内存编辑器中下载器的设置

② 从 ROM 中读取数据，如图 5.79 所示。

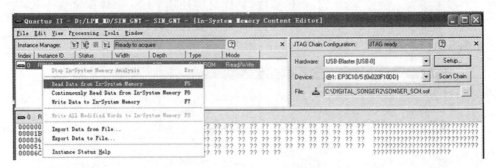

图 5.79　从 ROM 中读取数据

③ 对 ROM 中的数据进行修改并写入，如图 5.80 所示。

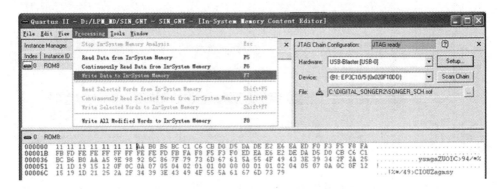

图 5.80　写入后的波形数据

④ 用 SignalTap 观察修改后的波形，如图 5.81 所示。

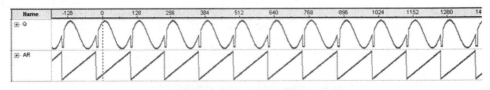

图 5.81　修改后的波形

⑤ 用示波器观察被修改的波形，如图 5.82 所示。

六、实验报告

① 写出包括程序设计、软件编译、仿真分析、硬件测试和详细的实验过程。
② 给出程序分析报告、仿真波形图及其分析报告。

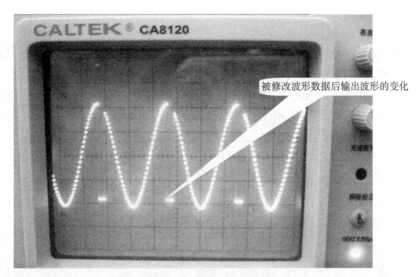

图 5.82 用示波器观察到的修改后的波形

七、预习要求

① 掌握信号发生器的原理。
② 利用 Quartus Ⅱ 软件按照实验步骤完成实验内容原理图的设计及仿真。

八、思考题

修改 ROM 数据文件,设其数据线宽度为 8,地址线宽度也为 8,初始化数据文件使用 .MIF 格式,用 C 程序产生正弦信号数据,完成以上实验。

实验六　多过程结构状态机 A/D 采样控制电路实现

一、实验目的

掌握用状态机对 A/D 转换器 ADC0809 的采样控制电路的实现。

二、实验设备

GW48-PK2/PK3 实验箱,Quartus Ⅱ 软件。

三、实验原理

有限状态机(FSM;图5.83)是指输出取决于过去输入部分和当前输入部分的时序逻辑电路。有限状态机可被认为是组合逻辑和寄存器逻辑的一种组合。状态机特别适合描述那些发生有先后顺序或者有逻辑规律的事件,这就是状态机的本质。状态机就是对具有逻辑顺序或时序规律的事件进行描述的一种方法。

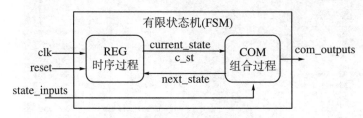

图 5.83 有限状态机

在实际的应用中,根据状态机的输出是否与输入条件相关,可将状态机分为两大类,即摩尔(Moore)型状态机和米勒(Mealy)型状态机。Moore 型状态机的输出仅与现态有关;Mealy 型状态机的输出不仅与现态有关,而且和输入也有关。

状态机的描述方法多种多样。一种写法是将整个状态机写到一个 Always 模块里,该模块既能描述状态转移,又能描述状态的输入和输出。这种写法一般称为一段式 FSM 描述方法。另一种写法是使用两个 Always 模块:其中一个 Always 模块采用同步时序的方式描述状态转移,而另一个模块采用组合逻辑的方式判断状态转移条件、描述状态转移规律。这种写法称为两段式 FSM 描述方法。还有一种写法是在两段式描述方法的基础上发展而来的,这种写法使用三个 Always 模块:一个 Always 模块采用同步时序的方式描述状态转移,第二个采用组合逻辑的方式判断状态转移条件、描述状态转移规律,第三个 Always 模块使用同步时序电路描述每个状态的输出。这种写法称为三段式写法。

一般而言,推荐的 FSM 描述方法是后两种。这是因为 FSM 和其他设计一样,最好使用同步时序方式设计,以提高设计的稳定性,消除毛刺。状态机实现后,一般来说,状态转移部分用同步时序电路,而状态的转移条件的判断用组合逻辑。

第二种描述方法同第一种描述方法相比,将同步时序和组合逻辑分别放到不同的 Always 模块中实现,这样做的好处不仅仅是便于阅读、理解、维护,更重要的是利于综合器优化代码,利于用户添加合适的时序约束条件,利于布局布线器实现设计。在第二种描述方法中,描述当前状态的输出用组合逻辑实现。用组合逻辑很容易产生毛刺,而且不利于约束,不利于综合器和布局布线器实现高性能的设计。

第三种描述方法与第二种相比,关键在于根据状态转移规律,以及根据上一状态输入条件判断出当前状态的输出,从而在不插入额外时钟节拍的前提下实现了寄存器输出。

ADC0809 是 CMOS 的八位 A/D 转换器,片内有八路模拟开关,可控制八个模拟量中的一个进入转换器中。转换时间约为 $100~\mu s$,含锁存控制的八路多路开关,输出由三态缓冲器控制,单 5 V 电源供电。

主要控制信号如图 5.84 所示:START 是转换启动信号,高电平有效;ALE 是三位通道选择地址(ADD_C,ADD_B,ADD_A)信号的锁存信号。当模拟量送至某一输入端(如 IN_1 或 IN_2 等),由三位地址信号选择,而地址信号由 ALE 锁存。EOC 是转换情况状态信号,当启动转换约 $100~\mu s$ 后,EOC 产生一个负脉冲,以示转换结束。在 EOC 的上升沿后,若使输出使能信号 OE 为高电平,则控制打开三态缓冲器,把转换好的八位数据结果输送至数据总线,至此 ADC0809 的一次转换结束。

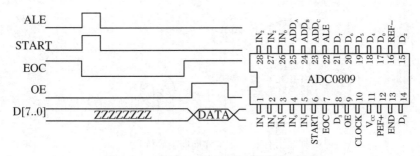

图 5.84　ADC0809 的引脚时序及引脚分布

ADC0809 的转换过程可被看作是一个多过程结构型状态机,分为时序过程和组合过程,如图 5.85 所示。在时序过程中,st0 状态初始化 ALE,START,OE 信号,为了触发时序进程,加入了 CLOCK 信号。这样,当数据一出现就被存入且在下次时钟到来时转换结果送出。st1 状态在 ALE 锁定通道的同时,启动数据转换;st2 状态则根据不断检测 EOC 的状态来确定转换是否结束:若结束,转入下一状态,若未结束,回到当前状态继续等待;st3 状态则为转换结束,这时置 OE 为高电平,转换数据在 $D_7 \sim D_0$ 上出现,但此时数据尚未锁存;st4 状态将转换的数据锁存,在时序进程中,当下次时钟上升沿到来时,转换数据被送出。这样,一次转换结束,下次转换从 st0 再次开始。时序过程则在时钟的作用下,在现态和次态之间切换,如图 5.86 所示。

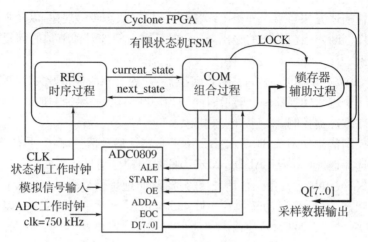

图 5.85　ADC0809 的多过程组合状态机

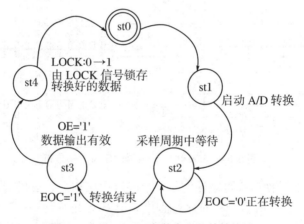

图 5.86　ADC0809 各状态之间的转换图

四、实验内容

① 利用 Quartus Ⅱ 对例 5.5 进行文本编辑输入和仿真测试。
② 给出仿真波形。
③ 进行引脚锁定和测试，验证硬件电路对 ADC0809 的控制功能。

【例 5.5】　ADC0809 的控制程序

module adc0809(D,CLK,EOC,RST,ALE,START,OE,ADDA,Q,LOCK_T);
　　input [7:0] D;　　　　//来自 0809 转换好的八位数据
　　input CLK,RST;　　　//状态机的工作时钟和系统复位控制
　　input EOC;　　　　　//转换状态指示,低电平表示正在转换

```verilog
output ALE;
output START,OE;
output ADDA,LOCK_T;
output [7:0] Q;
reg ALE,START,OE;
parameter s0=0,s1=1,s2=2,s3=3,s4=4;
reg [4:0] cs,next_state;
reg [7:0] REGL;
reg LOCK;
always @(cs or EOC) begin
    case(cs)
    s0:begin ALE=0;START=0;OE=0;LOCK=0;
        next_state<=s1;end
    s1:begin ALE=1;START=1;OE=0;LOCK=0;
        next_state<=s2;end
    s2:begin ALE=0;START=0;OE=0;LOCK=0;
       if (EOC==1'b1) next_state=s3;
       else next_state<=s2;end
    s3:begin ALE=0;START=0;OE=1;LOCK=0;
        next_state<=s4;end
    s4:begin ALE=0;START=0;OE=1;LOCK=1;
        next_state<=s0;end
    default:begin ALE=0;START=0;OE=0;LOCK=0;
        next_state<=s0;end
    endcase end
always @(posedge CLK or posedge RST) begin
    if(RST) cs<=s0;
    else cs<=next_state;end
always @(posedge LOCK)
    if(LOCK) REGL<=D;
assign ADDA=0;
assign Q=REGL;
assign LOCK_T=LOCK;
endmodule
```

五、实验步骤

本实验通过通道 1 输入精密电位器分压的电压信号,不断转动电位器旋钮,观察在数码管上输出的转换值。

1. 输入程序,编译仿真

新建目录 adc0809,按照例 5.5 输入程序保存 Verilog 程序 adc0809.v。选取要仿真的信号,新建 adc0809.vwf 的仿真文件,仿真波形如图 5.87 所示。请根据实验原理自行分析仿真波形的正确性。

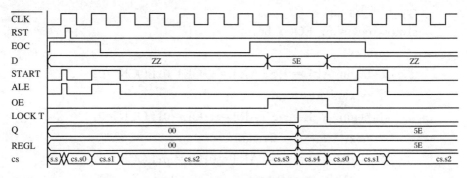

图 5.87 ADC0809 的仿真波形

2. 锁定引脚下载

电路采用模式 5,时钟信号 CLK 锁定于 $CLOCK_0$(引脚为 28),复位信号 RST 锁定于键 1(引脚为 233),ADC0809 的开发板与 FPGA 已经有固定的连接(图 5.88),引脚锁定为:转换结束信号 EOC(引脚为 1)、转换启动信号 START(引脚为 139)、地址锁存信号 ALE(引脚为 138)、输出使能信号 OE(引脚为 140)、通道 1 信号 ADDA(引脚为 137)、转换好的八位 A/D 数据 D[7:0](引脚分别为 13,14,15,16,17,18,19,20)、转换后输出到数码管上显示的八位数据 Q[7:0](引脚分别为 161,162,163,164,165,166,167,168)、锁存信号 LOCK_T(引脚为 12)。

3. 实验现象

将拨码开关 A/D 使能、EOC 开关下拨,JL_{10} 的短路帽跳至 AIN_1,时钟选择 16 384 Hz,旋转精密电位器的旋钮,观察数码管上的输出,如图 5.89 和图 5.90 所示。

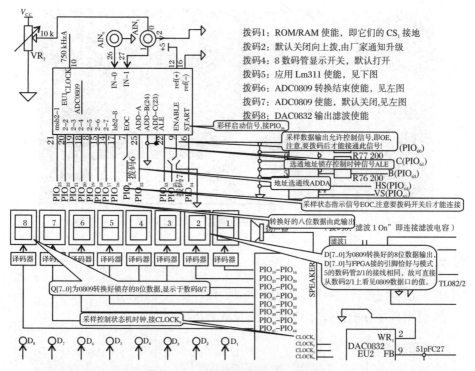

图 5.88 ADC0809 与 FPGA 的连接

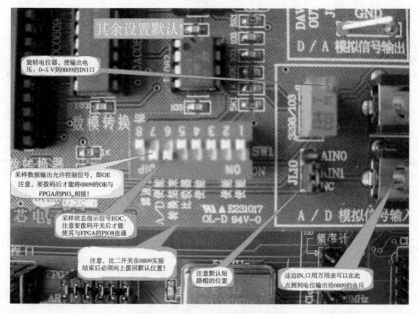

图 5.89 启动 ADC0809 转换

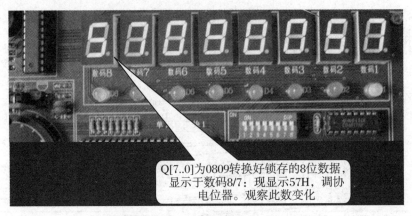

图 5.90 转换后在数码管上输出的结果

六、实验报告

① 写出程序设计、软件编译、仿真分析、硬件测试和详细的实验过程。
② 给出程序分析报告、仿真波形图及其分析报告。

七、预习要求

① 学习状态机编程的一般方法,了解 ADC0809 的工作原理。
② 利用 Quartus Ⅱ 软件按照实验步骤完成实验内容原理图的设计及仿真。

八、思考题

在不改变原代码功能的条件下,将表 5.5 中表达成用状态码直接输出的状态机型。

表 5.5 各状态的状态码

状态	状态编码					功能说明
	START	ALE	OE	LOCK	B	
s_0	0	0	0	0	0	初始态
s_1	1	1	0	0	0	启动转换
s_2	0	0	0	0	1	若测得 EOC=1 时,转下一状态 s_3
s_3	0	0	1	0	0	输出转换好的数据
s_4	0	0	1	1	0	利用 LOCK 的上升沿将转换好的数据锁存

实验七 七段数码显示译码器设计

一、实验目的

① 掌握七段数码显示译码器设计。
② 掌握 VHDL 的 CASE 语句应用及多层次设计方法。

二、实验设备

GW48-PK2/PK3 实验箱，Quartus Ⅱ 软件。

三、实验原理

在数字系统中，通常需要将数字量直观地显示出来，一方面供人们直接读取处理结果，另一方面用以监视数字系统工作情况。因此数字显示电路是许多数字设备不可缺少的部分。数字显示译码器是驱动显示器件（如荧光数码管、液晶数码管等）的核心部件，它可以将输入代码转换成相应数字，并在数码管上显示出来。常用的数码管由七段或八段构成字形，与其相对应的有七段数字显示译码器和八段数字显示译码器。

数码管 LED 显示是工程项目中使用较广的一种输出显示器件。常见的数码管有共阴和共阳两种。七段共阴数码管是将七个发光二极管的阴极连接在一起作为公共端，而共阳数码管是将七个发光二极管的阳极连接在一起作为公共端。公共端常被称作位码，而其他的七位被称作段码。图 5.91 所示为共阳数码管及其电路，数码管有七个段，分别为 g, f, e, d, c, b 和 a，只要公共端为高电平 1，某个段输出低电平 0，则相应的段就亮。例如，数码管的七个段 g, f, e, d, c, b, a 分别接 0, 1, 0, 0, 1, 0, 0，数码管就显示 2。

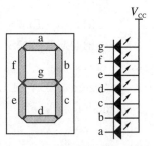

图 5.91 共阳数码管及其电路

四、实验内容

① 设计一个七段译码电路，可显示八位十进制数，并进行仿真。
② 说明例中各语句的作用，详细描述示例的功能特点，给出其所有信号的时序仿真波形，如图 5.92 和图 5.93 所示。以下是部分参考程序：

```
module LED(A,LED);
    input [3:0]A;
    output [6:0]LED;
    reg [6:0]LED7S;
    always@ *
    case(A)
    4'b0000: LED7S<=7'b0111111;
    4'b0001: LED7S<=7'b0000110;
    4'b0010: LED7S<=7'b1011011;
    4'b0011: LED7S<=7'b1001111;
    4'b0100: LED7S<=7'b1100110;
    4'b0101: LED7S<=7'b1101101;
    4'b0110: LED7S<=7'b1111101;
    4'b0111: LED7S<=7'b0000111;
    4'b1000: LED7S<=7'b1111111;
    4'b1001: LED7S<=7'b1101111;
    4'b1010: LED7S<=7'b1101111;
    4'b1011: LED7S<=7'b1111100;
    4'b1100: LED7S<=7'b0111001;
    4'b1101: LED7S<=7'b1011110;
    4'b1110: LED7S<=7'b1111001;
    4'b1111: LED7S<=7'b1110001;
    endcase
    assign LED = LED7S;
endmodule
```

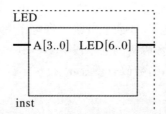

图 5.92 译码器电路的文件原理图

Name:	Value:	5.0us	10.0us	15.0us	20.0us	25.0us	30.0us	35.0us	40.0us	45.0us	50.0us
A	B 0001	0000 X 0001 X 0010 X 0011 X 0100 X 0101 X 0110 X 0111 X 1000 X 1001 X 1010 X 1011 X 1100 X 1101 X 1110 X 1111 X 0000 X 0001
LED7S	H 06	3F X 06 X 5B X 4F X 66 X 6D X 7D X 07 X 7F X 6F X 77 X 7C X 39 X 5E X 79 X 71 X 3F X 06

图 5.93　七段译码器仿真波形

五、实验步骤

① 创建七段数码显示设计项目。
② 编写七段数码显示程序模块。
③ 仿真测试源程序。
④ 引脚锁定及硬件下载测试。
⑤ 实验结果分析。

六、实验报告

① 根据以上的实验内容写出实验报告,包括程序设计、软件编译、仿真分析、硬件测试和详细的实验过程。
② 给出程序分析报告、仿真波形图及其分析报告。

七、预习要求

① 学习七段数码显示设计及仿真测试方法。
② 学习硬件电路引脚锁定及下载测试方法。

八、思考题

如何驱动数码管实现动态扫描显示?

实验八　数控分频器的设计

一、实验目的

① 掌握数控分频器的设计方法。
② 掌握数控分频器的分析和仿真测试方法。
③ 掌握综合时序电路的引脚锁定、下载测试方法。

二、实验设备

EDA-SOPC 实验箱。

三、实验原理

数控分频器的基本工作原理是,输入端当给定不同输入数据时,对输入的时钟信号有不同的分频比,数控分频器是用计数值可并行预置的加法计数器设计完成的,方法是将计数溢出位与预置数加载输入信号相接。

四、实验内容

① 在 QuartusⅡ上对数控分频器进行编辑、编译、综合、适配、仿真。

② 说明例中各语句的作用,详细描述示例的功能特点,给出所有信号的时序仿真波形,如图 5.94 所示。以下是部分参考程序:

```
module FD(CLK,D,FOUT);
    input CLK;
    input [7:0]D;
    output FOUT;
    regFout=0;
    reg [8:0]count=9'b0;

    always@(posedge CLK)
        if(count>9'hFF)
        begin
        count<=D;
        Fout<= ~Fout;
        end
    else
        count<=count+1'b1;

    assign FOUT = Fout;
endmodule
```

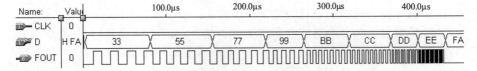

图 5.94　当给定不同输入值 D 时,FOUT 输出不同频率(CLK 周期为 50 ns)

五、实验步骤

① 创建数控分频器设计项目。
② 编写数控分频器程序模块。
③ 仿真测试源程序。
④ 引脚锁定及硬件下载测试。
⑤ 实验结果分析。

六、实验报告

① 根据以上的实验内容写出实验报告,包括程序设计、软件编译、仿真分析、硬件测试和详细的实验过程。
② 给出程序分析报告、仿真波形图及其分析报告。

七、预习要求

① 学习数控分频器设计及仿真测试方法。
② 学习硬件电路引脚锁定及下载测试方法。

八、思考题

怎样利用两个分频模块设计一个电路,使输出方波的正负脉宽分别由两个八位输入数据控制?

第六章　电子测量与仪器实验

一、实验课程简介

虚拟仪器技术是测量技术和计算机技术相结合的产物,融合了测量技术、仪器原理、计算机接口技术,以及图形化编程技术,是当代电子测量仪器仪表研究和发展的方向。本课程实践性强,经过课堂讲解和例题分析,学生在掌握虚拟仪器设计的基本概念和基本方法的基础上,应用 LabVIEW 图形化语言独立完成虚拟仪器的设计和开发,培养电子测量仪器的综合应用能力,为今后从事工程测量技术工作奠定基础。

二、DYS18II LabVIEW 虚拟仪器实验箱简介

DYS18II LabVIEW 虚拟仪器实验箱是北京迪阳正泰科技发展公司设计生产的虚拟仪器教学实验系统。实验箱配置温度测量、红绿灯系统、电机调速与测速,以及信号源发生器等模块电路,硬件资源比较丰富。DB37 电缆连接实验箱模拟接口 XS_1 与 U_{18} 数据采集卡的模拟接口;数字排线连接实验箱数字接口 XS_2 与 U_{18} 数据采集卡的数字接口,经 USB 接口与计算机相连组成实验硬件系统。软件设计平台是 LabVIEW 8.6,以此实现虚拟仪器的软件开发与设计。

三、LabVIEW 软件简介

LabVIEW 是美国国家仪器公司(National Instruments,NI)专为工程师和科研人员设计的软件集成开发环境,其本质是图形化编程语言(G 语言),采用数据流模型编程。一个典型的 LabVIEW 应用程序即虚拟仪器(VI),包括前面板、程序框图、连线板,以及图标四个部分。前面板是图形用户界面,也就是 VI 的虚拟仪器面板,通常放置用户的输入和显示控件,具体含有开关、旋钮、图形,以及其他控件。程序框图是 VI 的图形化源程序,由函数选板上的子 VI 或函数的图标连线组成,也包含前面板上控件的连线端子或其他子 VI 图标。连线板的接线端是 VI 的输入、输出端,图标是 VI 的图形化形式,如果将 VI 当作其他程序框图的子 VI 使用,那么在其他程序框图上将显示本 VI 的图标。LabVIEW 的编程步骤如下:

① 新建 VI。
② 设计虚拟仪器面板,根据需要在前面板放置控件。
③ 在函数选板选择需要的函数,连线编程。
④ 调试运行源程序,检查修改至无误。
⑤ 创建连线板,为输入、输出建立接线端。
⑥ 创建 VI 的图标。

实验一　温　度　测　量

一、实验目的

① 掌握温度测量的硬件电路实现方法。
② 掌握测量所得信号的微机处理和显示方法。

二、实验设备

全套计算机系统,LabVIEW 实验箱一台。

三、实验原理

① 本实验的热敏电阻阻值与温度关系为

$$R_T = R_1 \times \exp\left(B \times \left(\frac{1}{T} - \frac{1}{T_1}\right)\right)$$

其中,R_T 是在热力学温度为 T 时热敏电阻的阻值(kΩ);R_1 是在额定热力学温度 T_1 下热敏电阻的阻值(kΩ);exp 是以自然数 e 为底的指数函数;B 是热敏指数。

$$B = \frac{\ln R_T - \ln R_1}{1/T - 1/T_1} = 2.3026 \times \frac{\lg R_T - \lg R_1}{1/T - 1/T_1}$$

实验所用热敏电阻的 B 值是 3 470 K,当 T_1=298 K 时,R_1=5 kΩ,设热敏电阻与一 3 kΩ 电阻串联分压,在 5 V 直流电源的作用下可得

$$U = \frac{3}{3 + 5 \times \exp\left(3\,470 \times \left(\frac{1}{T} - \frac{1}{298}\right)\right)} \times 5$$

对上式进行曲线拟合,可近似得到温度与电压的线性关系:

$$T = 23.68U - 19.59(℃)$$

② 测温电路原理图如图 6.1 所示,热敏电阻 R_{T_1} 与 R_1 串联分压,当温度变大时,热敏电阻 R_{T_1} 电阻的阻值变小,在分压点产生一个线性变化的电压信号,经电

压跟随器 U_{1A} 跟随，然后由 U_{1B} 进行一级放大，由 U_{1C} 进行二级放大，输出一个正向的与温度变化大小成正比的线性电压信号。

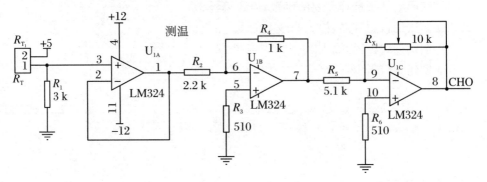

图 6.1　实验一电路原理图

③ 测量电路输出的模拟电压通过 U_{18} 数据采集卡转化为数字信号输入 PC 机，其中，A/D 转换功能由 U_{18} 数据采集卡的硬件平台实现，硬件接口的驱动和通信及信号处理等基本功能由 U_{18} 数据采集卡的软件功能模块实现。

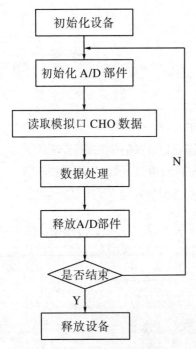

图 6.2　实验一流程图

四、实验内容及步骤

① 用 DB37 电缆将实验箱的模拟口 XS_1 与 U_{18} 数据采集卡的模拟口 XS_1 连接。

② 调节硬件测温电路中的 R_{X_1} 电位器阻值，从而调节输入信号幅度和电路的放大倍数，确定电路的电压输出幅度与温度变化之间的比例关系。

③ 调试结果是：当温度升高时，电压响应曲线随之升高；当温度降低时，电压响应曲线也随之降低。

④ 利用 LabVIEW 软件的设计平台及 U_{18} 数据采集卡提供的功能模块，设计温度监测及显示用的虚拟仪器。

⑤ 用所设计的温度测量系统进行测量，保存系统测试界面。系统运行流程图如图 6.2 所示。

注：由于电路中反馈系数大于 1，所以在数据处理时 $T=a\times CHO+b$ 中，a 应大于 23.68 ℃/V，通过调节 R_{X_1} 校正。

LabVIEW 前面板如图 6.3 所示。

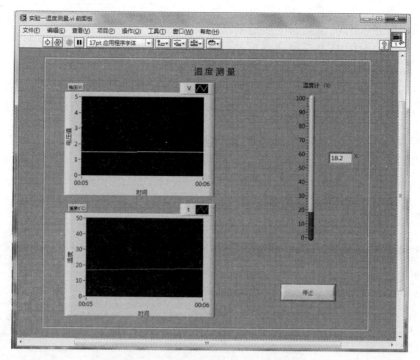

图 6.3　实验一 LabVIEW 前面板图

LabVIEW 程序框图如图 6.4 所示。

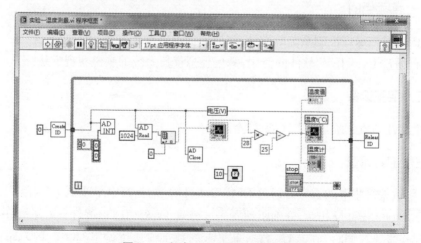

图 6.4　实验一 LabVIEW 程序框图

五、实验报告

① 用 LabVIEW 设计温度测量系统的前面板。
② 用 LabVIEW 设计温度测量系统的程序框图。
③ 根据实验结果进行误差分析。

六、预习要求

① 预习教材中有关非电量测量的内容。
② 学习如何把温度测量转化为电压测量的方法。
③ 画出电压-温度转化的特性曲线。

七、思考题

① 调节硬件测温电路中电位器阻值 R_{X_1},确定电路的电压输出幅度与温度变化之间的比例关系。
② 简述用电子测量仪器对非电量进行测量的原理。

实验二 红绿灯系统

一、实验目的

① 通过红绿灯控制系统的设计,掌握硬件电路设计方法。
② 通过 LabVIEW 软件的使用,掌握虚拟仪器系统的软件实现方法。

二、实验设备

全套计算机系统,LabVIEW 实验箱一台。

三、实验原理

U_{18} 数据采集卡的数字口通过 DO_0,DO_1,DO_2 输出高电平或低电平信号,通过 U_9 ULN2003 器件反相后,分别驱动发光二极管 D_6 红灯、D_7 黄灯、D_8 绿灯开始发光或结束发光。同时,放置 U_{18} 数据采集卡的数字口通过设置 $DO_7 \sim DO_{13}$ 端为高电平或低电平信号,通过 U_{10} ULN2003 分别反相驱动 DIG_1 数码管 a~g 各段显示相应的数码信息,最终实现当某一灯亮时,数码管从某一数值开始倒计时。实验二电路原理图如图 6.5 所示。

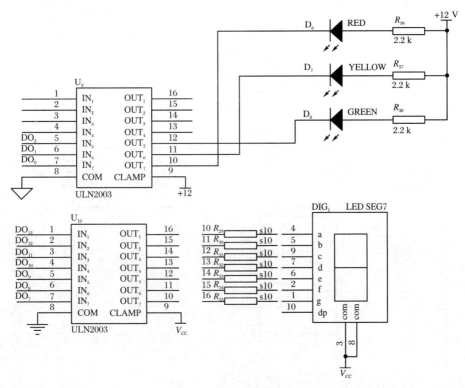

图 6.5　实验二电路原理图

四、实验内容及步骤

① 接线。用电缆将实验箱数字口 XS_2 与 U_{18} 数据采集卡数字口连接。

② 调试与结果。通过设计的应用软件控制 U_{18} 数据采集卡数字口的 DO_0，DO_1，DO_2 端的高或低电平状态，点亮红、黄、绿三盏灯中的一只，同时控制 U_{18} 数据采集卡数字口的 $DO_7 \sim DO_{13}$ 端的高或低电平状态显示某一数值，并按每秒减 1 的规则控制数码管显示相应的数值。

③ 整个显示过程。红灯亮，同时数码管从某一初始值按每秒减 1 的规则显示；当显示值为 0 时，红灯灭，黄灯亮，同时数码管从某一初始值按每秒减 1 的规则显示；当显示值为 0 时，黄灯灭，绿灯亮，同时数码管从某一初始值按每秒减 1 的规则显示；当显示值为 0 时，绿灯灭，黄灯亮，同时数码管从某一初始值按每秒减 1 的规则显示；当显示值为 0 时，黄灯灭，红灯亮，同时数码管从某一初始值按每秒减 1 的规则显示。如此循环往复。

④ 用所设计的红绿灯系统进行测试,保存系统测试界面。系统运行流程图如图 6.6 所示(时间显示采用 CASE 结构进行七段译码输出至数码管 $D_8 \sim D_{14}$)。

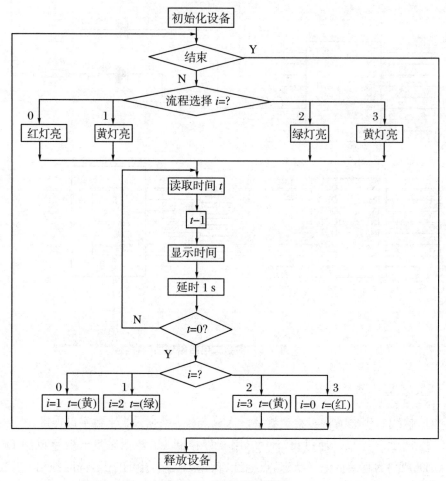

图 6.6 实验二流程图

LabVIEW 前面板图如图 6.7 所示,后面板图如图 6.8 所示。

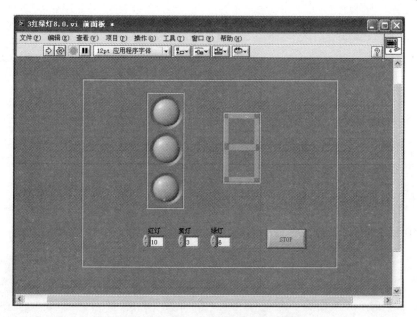

图 6.7　实验二 LabVIEW 前面板图

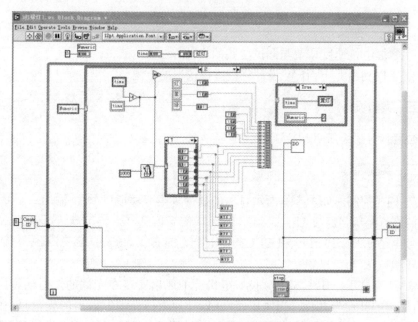

图 6.8　实验二 LabVIEW 后面板图

五、实验报告

① 用 LabVIEW 设计红绿灯系统的前面板。
② 用 LabVIEW 设计红绿灯系统的后面板。

六、预习要求

① 说明 For 循环和 While 循环的区别。
② 结合实际红绿灯变化情况,说明其工作过程。

七、思考题

① 结合实际情况设计一个十字路口红绿灯系统的前面板。
② 用 CASE 结构编写一个小程序。

实验三 电机调速与测速

一、实验目的

① 掌握电机速度调节与测试电路的设计方法。
② 掌握利用 LabVIEW 设计相应虚拟仪器的方法。

二、实验设备

全套计算机系统,LabVIEW 实验箱一台。

三、实验原理

① 调速控制。如图 6.9 所示,U_{18} 的数据采集卡模拟口 DA_1 输出一个 0～5 V 大小的直流电压。经过 U_{3A} LM358 放大一倍后得到 0～10 V 大小的电压。该电压信号再经过 U_4 CA3140 和 Q_1 C2073 进行功率放大,电流达到 75 mA,从而驱动电机转动。

② 测速过程。如图 6.10 所示,电机上的风扇安装在光耦的发射端和接收端之间,风扇的叶片为九片。当风扇转动时,叶片阻挡光耦发射出的光信号,在光耦接收端得到一段连续的脉冲波形。该脉冲波形经过 U_{5A} 74HC14 进行整形后,得到一形状规则的脉冲波形。将整形后的脉冲波形输出至 U_{18} 数据采集卡的 8254 计数器的 CLK_0 端进行计数显示。

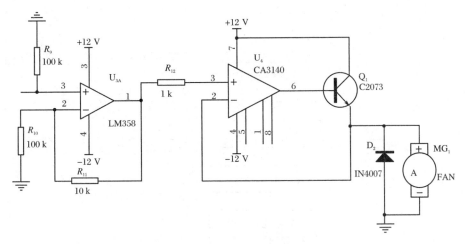

图 6.9 实验三调速电路原理图

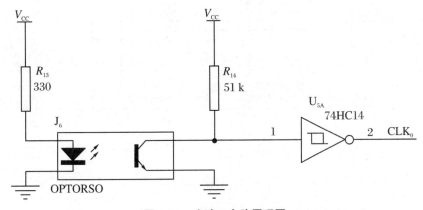

图 6.10 实验三电路原理图

四、实验内容及步骤

① 接线。将实验箱的数字口 XS_2 和模拟口 XS_1 与 U_{18} 数据采集卡上的对应数字口 XS_2 和模拟口 XS_1 连接。

② 调试与结果。用 LabVIEW 设计的软件改变 DA_1 端的输出电压大小,改变电机的转速,从而在显示屏上显示出不同的速度值。

③ 用所设计的系统进行测试,保存系统测试界面。系统运行流程图如图 6.11 所示。

注:因为风扇叶片为九片,所以应将 1 s 内计数值除以 9 才得到风扇转速。
LabVIEW 前面板图如图 6.12 所示,程序框图如图 6.13 所示。

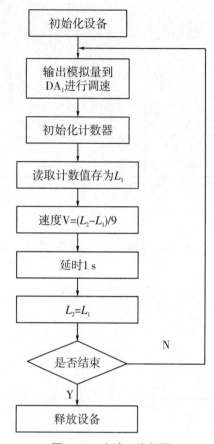

图 6.11 实验三流程图

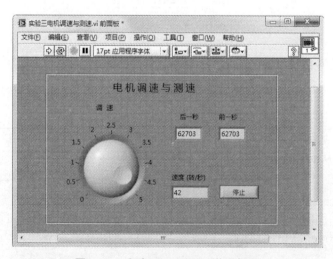

图 6.12 实验三 LabVIEW 前面板图

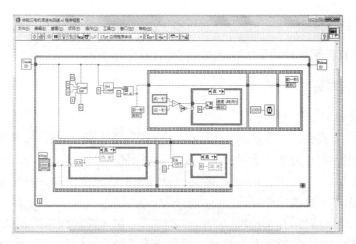

图 6.13　实验三 LabVIEW 程序框图

五、实验报告

① 用 LabVIEW 设计电机测速与调速的前面板。
② 用 LabVIEW 设计电机测速与调速的程序框图。

六、预习要求

① 预习电机调速与测速的内容。
② 定性解释如何进行测速和调速。

七、思考题

① 简述电机调速与测速的基本原理。
② 如何创建数组和簇？掌握它们的区别及相应的操作。

实验四　信号源发生器

一、实验目的

① 掌握信号源发生器的功能和使用方法。
② 掌握 LabVIEW 软件设计方法，设计函数信号发生器。

二、实验设备

全套计算机系统,LabVIEW 实验箱一台,双踪示波器一台。

三、实验原理

1. 传统函数信号发生器

如图 6.14 和表 6.1 所示,U_{16} ICL8038 为信号发生器件,具体频率先通过开关 S_1 来选择频段(ON 为 20～800 Hz,OFF 为 600 kHz～20 kHz),再通过电位器 R_{X_7} 来设置。在 U_{16} ICL8038 的 9 端产生某一设置频率的方波信号,通过 U_{8C} 74HC14 反相后,输出 5 V 方波信号到开关 S_2 的一脚。在 U_{16} ICL8038 的 3 端产生某一设置频率的三角波信号,在 U_{16} ICL8038 的 2 端产生某一设置频率的正弦信号,该两路信号通过开关 S_3 选择其中一路至跟随器的输入端,通过 U_{15B} LF353 放大输出至开关 S_2 的一脚,通过调 R_{X_9} 来改变信号的幅度。通过 S_2,S_3 开关的不同组合在输出端子 J_5 的 3 脚输出不同的信号。

表 6.1 函数信号发生器工作方式设置表

S_2	S_3	输出信号
OFF	OFF	正弦波
OFF	ON	三角波
ON	X	方波

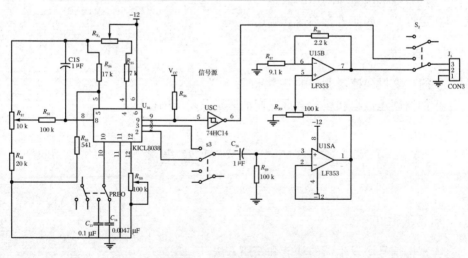

图 6.14 实验四电路原理图

2. 虚拟函数信号发生器

虚拟函数信号发生器采用直接数字频率合成法(DDS),由计算机软件编程实现相位与幅度的对应关系。循环输出的数字量经过 D/A 转换形成阶梯式模拟量波形,再由低通滤波器滤除高频分量得到相应的函数信号。

四、实验内容及步骤

① 通过 S_2,S_3 的不同组合在 3 端输出正弦波、三角波或方波,通过 S_1 选择频段,调节电位器 R_{X_7} 来设置具体频率,调节电位器 R_{X_9} 来改变信号源的幅值。

② 调试与结果:把示波器的 CH_1 探头连接输出端子 J_5 的 3 脚,并观测信号参数。

③ 接线:将 U_{18} 数据采集卡数字口 XS_2 与 $U_{18}JD$ 扩展端子板的数字口 XS_2 连接,把示波器的 CH_1 探头连接扩展端子 DA_0。

④ 在前面板窗口设置波形的类型、幅值、频率,并观察软件信号参数,同时在示波器上观测信号参数。

⑤ 用所设计的系统进行测试,保存测试界面。

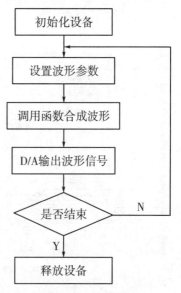

图 6.15 实验四流程图

系统运行流程图如图 6.15 所示,LabVIEW 前面板图如图 6.16 所示。

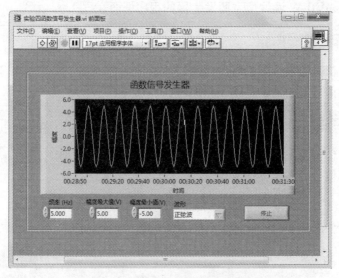

图 6.16 实验四 LabVIEW 前面板图

LabVIEW 程序框图如图 6.17 所示。

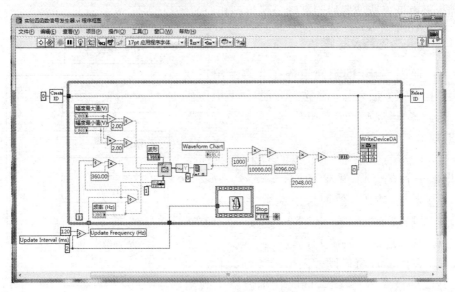

图 6.17　实验四 LabVIEW 程序框图

五、实验报告

① 用 LabVIEW 设计信号源发生器的前面板。
② 用 LabVIEW 设计信号源发生器的程序框图。

六、预习要求

① 预习信号源发生器的有关内容。
② 简述信号发生器的基本工作原理。

七、思考题

① 简述信号源发生器产生方波、三角波和正弦波的区别。
② 说明信号源发生器的应用。

参 考 文 献

[1] 朱定华. 微型计算机原理与应用[M]. 北京:电子工业出版社,2003.
[2] 周明德. 微型计算机系统原理及应用[M]. 4版. 北京:清华大学出版社,2002.
[3] 李继灿. 微型计算机原理及应用[M]. 2版. 北京:清华大学出版社,2002.
[4] 郑学坚,周斌. 微型计算机原理及应用[M]. 北京:清华大学出版社,2002.
[5] 张毅坤,陈善久,裘雪红. 单片微型计算机原理及应用[M]. 西安:西安电子科技大学出版社,1998.
[6] 顾筠,钱琦,林小宁. 单片微型计算机原理及应用[M]. 南京:东南大学出版社,2003.
[7] 胡健. 单片机原理及接口技术[M]. 北京:机械工业出版社,2005.
[8] 胡寿松. 自动控制原理[M]. 北京:科学出版社,2001.
[9] 王化一,杨西侠,林家恒. 自动控制原理[M]. 北京:国防工业出版社,2001.
[10] 邹伯敏. 自动控制原理[M]. 北京:机械工业出版社,2001.
[11] 王化祥,张淑英. 传感器原理及应用[M]. 天津:天津大学出版社,2007.
[12] 李标荣,张绪礼. 电子传感器[M]. 北京:国防工业出版社,1995.
[13] 刘君华. 智能传感器系统[M]. 西安:西安电子科技大学出版社,1999.
[14] 李哲英,骆丽,刘元盛. DSP基础理论与应用技术[M]. 北京:北京航空航天大学出版社,2002.
[15] 孙宗瀛,谢鸿琳. TMS320C5x DSP原理设计与应用[M]. 北京:清华大学出版社,2002.
[16] 潘松,黄继业. EDA技术实用教程[M]. 2版. 北京:科学出版社,2005.
[17] 黄正瑾,徐坚. CPLD系统设计技术入门与应用[M]. 北京:电子工业出版社,2002.
[18] 徐志军,徐光辉. CPLD/FPGA的开发与应用[M]. 北京:电子工业出版社,2002.
[19] 陈尚松. 电子测量与仪器[M]. 北京:电子工业出版社,2005.
[20] 蒋焕文,孙续. 电子测量[M]. 北京:中国计量出版社,2001.
[21] 李常蔚,李锦林. 电子测量与仪器[M]. 北京:科学出版社,2000.

附图 第五章实验电路结构图

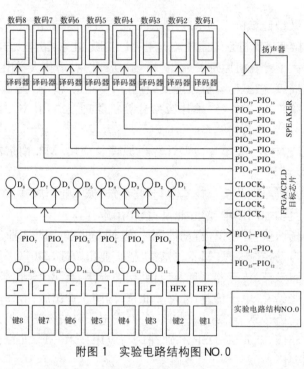

附图 1 实验电路结构图 NO.0

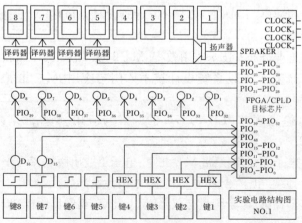

附图 2 实验电路结构图 NO.1

附图
第五章实验电路结构图

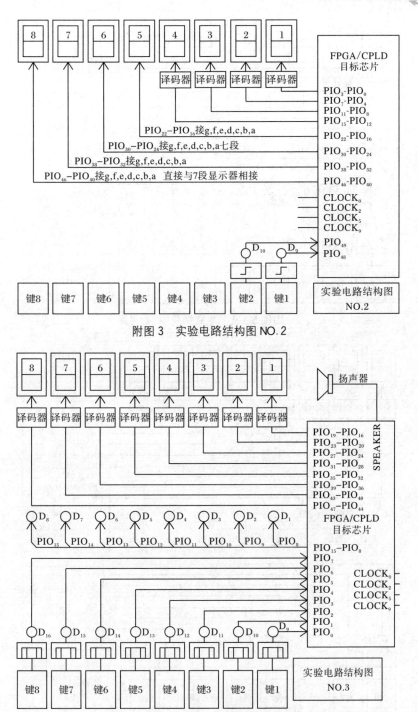

附图3 实验电路结构图 NO.2

附图4 实验电路结构图 NO.3

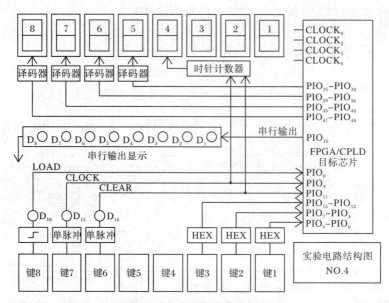

附图5　实验电路结构图NO.4

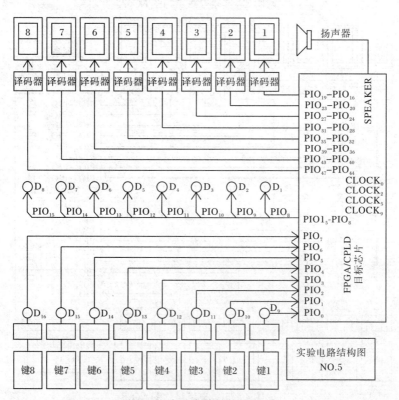

附图6　实验电路结构图NO.5

第五章实验电路结构图

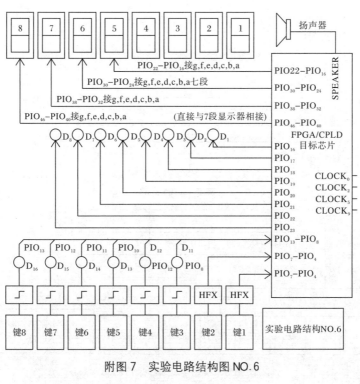

附图7　实验电路结构图 NO.6

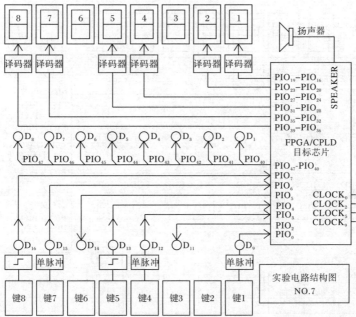

附图8　实验电路结构图 NO.7

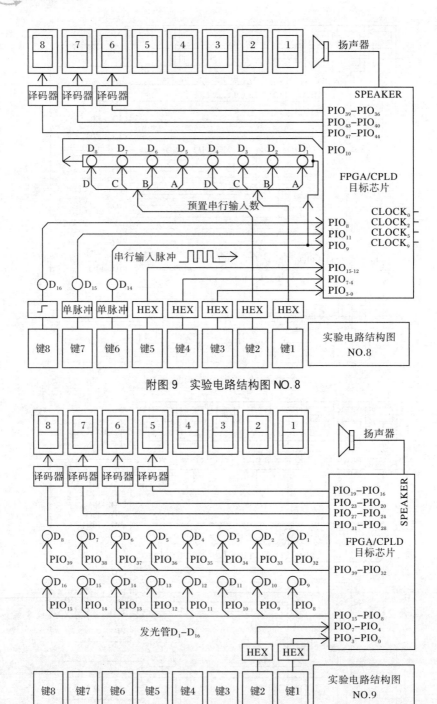

附图 9 实验电路结构图 NO.8

附图 10 实验电路结构图 NO.9

附图
第五章实验电路结构图

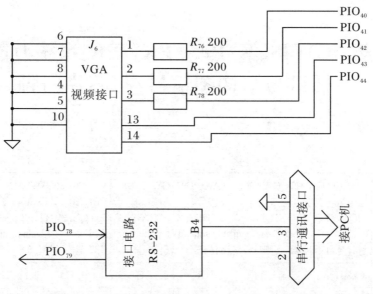

附图 11　GW48-CK 系统的 VGA 和 RS232 引脚连接图
（此两个接口与 PK 系列引脚不同）

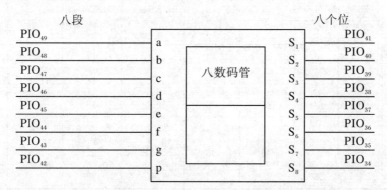

附图 12　GW48-PK2 系统板扫描显示模式时八个数码管 I/O 连接图。
GW48-PK2/3/4 上扫描显示模式时的连接方式：八数码管扫描式显示，
输入信号高电平有效 GW48-CK 的系统扫描显示数码管连接在系统的
右方用针引出，可用单线和 FPGA 的 I/O 口连接，完成动态扫描显示实验。

附表 GW48CK/PK$_2$/PK$_3$/PK$_4$系统万能接插口与结构图信号/与芯片引脚

结构图上的信号名	GWAC6 EP1C6/12Q240 Cyclone 引脚号	GWAC3 EP1C3 TC144 Cyclone 引脚号	GWA2C5 EP2C5 TC144 Cyclone II 引脚号	GWA2C8 EP2C8 QC208 Cyclone II 引脚号	GW2C35 EP2C35 FBGA484C8 Cyclone II 引脚号	WAK30/50 EP1K30/50TQC144 ACEX 引脚号	GW3C40 EP3C40 Q240C8N Cyclone III 引脚号	GWXS200 XC3S200 SPAR-TAN 引脚号
PIO$_0$	233	1	143	8	AB$_{15}$	8	18	21
PIO$_1$	234	2	144	10	AB$_{14}$	9	21	22
PIO$_2$	235	3	3	11	AB$_{13}$	10	22	24
PIO$_3$	236	4	4	12	AB$_{12}$	12	37	26
PIO$_4$	237	5	7	13	AA$_{20}$	13	38	27
PIO$_5$	238	6	8	14	AA$_{19}$	17	39	28
PIO$_6$	239	7	9	15	AA$_{18}$	18	41	29
PIO$_7$	240	10	24	30	L$_{19}$	19	43	31
PIO$_8$	1	11	25	31	J$_{14}$	20	44	33
PIO$_9$	2	32	26	33	H$_{15}$	21	45	34
PIO$_{10}$	3	33	27	34	H$_{14}$	22	46	15
PIO$_{11}$	4	34	28	35	G$_{16}$	23	49	16
PIO$_{12}$	6	35	30	37	F$_{15}$	26	50	35
PIO$_{13}$	7	36	31	39	F$_{14}$	27	51	36
PIO$_{14}$	8	37	32	40	F$_{13}$	28	52	37
PIO$_{15}$	12	38	40	41	L$_{18}$	29	55	39
PIO$_{16}$	13	39	41	43	L$_{17}$	30	56	40
PIO$_{17}$	14	40	42	44	K$_{22}$	31	57	42

GW48CK/PK₂/PK₃/PK₄系统万能接插口与结构图信号/与芯片引脚

续表

结构图上的信号名	GWAC6 EP1C6/12Q240 Cyclone 引脚号	GWAC3 EP1C3 TC144 Cyclone 引脚号	GWA2C5 EP2C5 TC144 Cyclone II 引脚号	GWA2C8 EP2C8 QC208 Cyclone II 引脚号	GW2C35 EP2C35 FBGA484C8 Cyclone II 引脚号	WAK30/50 EP1K30/50TQC144 ACEX 引脚号	GW3C40 EP3C40 Q240C8N Cyclone III 引脚号	GWXS200 XC3S200 SPARTAN 引脚号
PIO_{18}	15	41	43	45	K_{21}	32	63	43
PIO_{19}	16	42	44	46	K_{18}	33	68	44
PIO_{20}	17	47	45	47	K_{17}	36	69	45
PIO_{21}	18	48	47	48	J_{22}	37	70	46
PIO_{22}	19	49	48	56	J_{21}	38	73	48
PIO_{23}	20	50	51	57	J_{20}	39	76	50
PIO_{24}	21	51	52	58	J_{19}	41	78	51
PIO_{25}	41	52	53	59	J_{18}	42	80	52
PIO_{26}	128	67	67	92	E_{11}	65	112	113
PIO_{27}	132	68	69	94	E_9	67	113	114
PIO_{28}	133	69	70	95	E_8	68	114	115
PIO_{29}	134	70	71	96	E_7	69	117	116
PIO_{30}	135	71	72	97	D_{11}	70	118	117
PIO_{31}	136	72	73	99	D_9	72	126	119
PIO_{32}	137	73	74	101	D_8	73	127	120
PIO_{33}	138	74	75	102	D_7	78	128	122
PIO_{34}	139	75	76	103	C_9	79	131	123
PIO_{35}	140	76	79	104	H_7	80	132	123
PIO_{36}	141	77	80	105	Y_7	81	133	125
PIO_{37}	158	78	81	106	Y_{13}	82	134	126
PIO_{38}	159	83	86	107	U_{20}	83	135	128
PIO_{39}	160	84	87	108	K_{20}	86	137	130
PIO_{40}	161	85	92	110	C_{13}	87	139	131
PIO_{41}	162	96	93	112	C_7	88	142	132
PIO_{42}	163	97	94	113	H_3	89	143	133
PIO_{43}	164	98	96	114	U_3	90	144	135

续表

结构图上的信号名	GWAC6 EP1C6/12Q240 Cyclone 引脚号	GWAC3 EP1C3 TC144 Cyclone 引脚号	GWA2C5 EP2C5 TC144 Cyclone Ⅱ 引脚号	GWA2C8 EP2C8 QC208 Cyclone Ⅱ 引脚号	GW2C35 EP2C35 FBGA484C8 Cyclone Ⅱ 引脚号	WAK30/50 EP1K30/50TQC144 ACEX 引脚号	GW3C40 EP3C40 Q240C8N Cyclone Ⅲ 引脚号	GWXS200 XC3S200 SPAR-TAN 引脚号
PIO_{44}	165	99	97	115	P_3	91	145	137
PIO_{45}	166	103	99	116	F_4	92	146	138
PIO_{46}	167	105	100	117	C_{10}	95	159	139
PIO_{47}	168	106	101	118	C16	96	160	140
PIO_{48}	169	107	103	127	G_{20}	97	161	141
PIO_{49}	173	108	104	128	R20	98	162	143
PIO_{60}	226	131	129	201	AB_{16}	137	226	2
PIO_{61}	225	132	132	203	AB_{17}	138	230	3
PIO_{62}	224	133	133	205	AB_{18}	140	231	4
PIO_{63}	223	134	134	206	AB_{19}	141	232	5
PIO_{64}	222	139	135	207	AB_{20}	142	235	7
PIO_{65}	219	140	136	208	AB_7	143	236	9
PIO_{66}	218	141	137	3	AB_8	144	239	10
PIO_{67}	217	142	139	4	AB_{11}	7	240	11
PIO_{68}	180	122	126	145	A_{10}	119	186	161
PIO_{69}	181	121	125	144	A_9	118	185	156
PIO_{70}	182	120	122	143	A_8	117	184	155
PIO_{71}	183	119	121	142	A_7	116	183	154
PIO_{72}	184	114	120	141	A_6	114	177	152
PIO_{73}	185	113	119	139	A_5	113	176	150
PIO_{74}	186	112	118	138	A_4	112	173	149
PIO_{75}	187	111	115	137	A_3	111	171	148
PIO_{76}	216	143	141	5	AB_9	11	6	12
PIO_{77}	215	144	142	6	AB_{10}	14	9	13
PIO_{78}	188	110	114	135	B_5	110	169	147
PIO_{79}	195	109	113	134	Y_{10}	109	166	146

GW48CK/PK$_2$/PK$_3$/PK$_4$系统万能接插口与结构图信号/与芯片引脚

续表

结构图上的信号名	GWAC6 EP1C6/12Q240 Cyclone 引脚号	GWAC3 EP1C3 TC144 Cyclone 引脚号	GWA2C5 EP2C5 TC144 Cyclone II 引脚号	GWA2C8 EP2C8 QC208 Cyclone II 引脚号	GW2C35 EP2C35 FBGA484C8 Cyclone II 引脚号	WAK30/50 EP1K30/50TQC144 ACEX 引脚号	GW3C40 EP3C40 Q240C8N Cyclone III 引脚号	GWXS200 XC3S200 SPARTAN 引脚号
SPEAKER	174	129	112	133	Y_{16}	99	164	144
CLOCK$_0$	28	93	91	23	L_1	126	152	184
CLOCK$_2$	153	17	89	132	M_1	54	149	203
CLOCK$_5$	152	16	17	131	M_{22}	56	150	204
CLOCK$_9$	29	92	90	130	B_{12}	124	151	205